秒で伝わる

パ
ワ
ポ
術

仕事でもSNSでも
〈いいね〉がもらえる
スライド作成のコツ

トヨマネ／パワポ芸人
@toyomane

豊間根青地

KADOKAWA

🖥 パワポはたのしい

あなたは、パワポでスライドを作るのが好きですか?

おそらく、好きな人はそれほど多くはないのではと思います。
「頑張って作っても、何が言いたいのかよくわからないと言われる……」
「いつもパソコンの前で悩んでしまい、やたらと時間がかかる……」
　そういったイメージから、スライドを作ることに苦手意識を抱いている方が多いのではないでしょうか。

　一方で私は、パワポでスライドを作ることが好きです。なぜなら、自分の考えを可視化してわかりやすく伝えることで、多くの人に共感してもらうことができるから。自己紹介で「趣味はパワポです」と言って場を微妙な空気にしたことは、一度や二度ではありません。

　「パワポ芸人」を自称して様々な活動をしている私は少々特殊な例だと思いますが、人間は一般的に、誰かに共感してもらえると喜びを感じる生き物です。「自分の頭の中身を形にして、誰かに伝えて共感してもらう」ということは、本来とても楽しいもの。パワポによるスライド作成は、私のような特殊な人間だけでなく、誰にとっても楽しいことになり得ると私は考えています。

　もちろん、スライド作成はあくまでもメッセージを伝えるための一つの手段に過ぎませんから、それ自体が目的になってはいけません。しかし「好きこそものの上手なれ」と先人が言ったように、スライド作成に楽しさを見出し、それ自体を好きになることで、メッセージを伝えるという本来の目的も、より高い水準で達成されるようになるのではないでしょうか。

本書を読むことで、皆さんにとってパワポによるスライド作成が、ひいては自分の頭の中をビジュアライズして誰かに伝えるという行為が、今よりもずっと「楽しい」ものになれば幸いです。

なぜ、パワポ芸人が語るのか

　さて、いきなり「パワポ芸人を自称して活動しています」と言ってもさっぱり意味がわからないでしょうから、本題に入る前にもう少し詳しく自己紹介をします。私は飲料メーカーで会社員として働くかたわら、Microsoft のプレゼンテーションツール「PowerPoint」で制作した様々な作品をTwitterをはじめとした各種のSNSにアップロードしています。架空のビジネス書をデザインしてみたり、チャラ男専用の単語帳を作ってみたり、東京都の「多摩地域」をパワポ動画で解説してみたり、昔話をプレゼンで表現してみたり……。

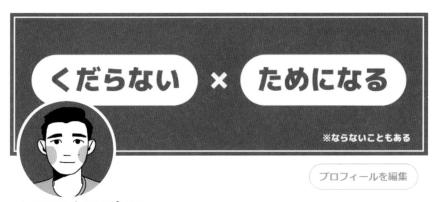

トヨマネ｜パワポ芸人 @toyomane · 2020年8月16日 ・・・

「東京の田舎、多摩地域」についてパワポで解説しました。ご査収ください。

▶ 39.6万 件の表示　　　　　　　　　　　1:51 / 2:09 🔊

💬 107　　　🔁 9,188　　　♡ 1.5万　　　⬆️　　　📊

トヨマネ｜パワポ芸人 @toyomane · 2020年8月20日 ・・・

もし桃太郎がイヌ・サル・キジにお供になってくれるようプレゼンしたら

💬 27　　　🔁 5,535　　　♡ 1.8万　　　⬆️　　　📊

トヨマネ｜パワポ芸人 @toyomane · 1月25日

「暇じゃないのになぜか暇」になりがちなので、図にしました

 46 3.1万 10.9万

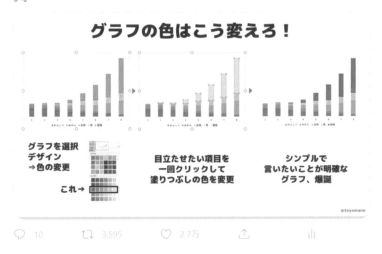

トヨマネ｜パワポ芸人 @toyomane · 6月20日

これはマジで重要なのであと5万回は言うと思うんですが、パワポに載せるグラフは一回全部モノクロにしてから目立たせたい部分だけをカラーにしてください。

10 3,595 2.7万

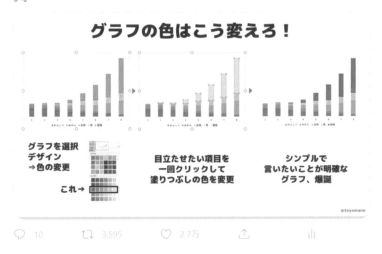

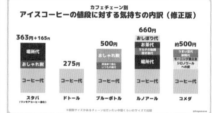

　こんな感じで多くのパワポ作品を発信するうちに、いくつかのパワポ作品が大きな反響をいただき（いわゆる「バズる」というやつです）、多くの人に見てもらえるようになりました。

　2021年8月現在、Twitterアカウントは5万人以上の方にフォローいただくことができています。また、ありがたいことにSNSを起点としてスライド制作やセミナーなどのお仕事をいただけるようにもなりました。

　自分で自分の作品を分析するのは少々恥ずかしいですが、このような大きな反響をいただけた理由の一つに、私のパワポ作品には「ぱっと見で伝わる」という特徴があり、メッセージが「秒で伝わった」ということがあると考えています。

Twitterには膨大な情報やコンテンツが溢れています。星の数ほどツイートが流れるタイムラインの中に私のツイートがある日突然ポンと現れたとしても、ほとんどの人にはほんの一瞬しか見てもらえません。そのほんの一瞬で「おっ、これはおもしろいな」という感情を引き出し、リツイートやいいねを押してもらうには、ぱっと見ただけで主旨が伝わることが極めて重要です。

そしてこのポイントは、ビジネスの場で活躍するパワポ作品＝スライドでも全く同じです。忙しいビジネスマンに、じっくりスライドを読み込んで意味を理解している暇はなかなかありません。「なんかよくわからない」というだけで、価値のある情報が隅に追いやられてしまうことは、ビジネスの場ではしばしば起こります。「秒で伝わる」ということは、高い効果を上げるスライドを作る上で絶対的に必要な特徴であると言えるでしょう。

「もし桃太郎がイヌ・サル・キジに お供になってくれるようプレゼンしたら」

ということで本書では、私がパワポ芸人として活動する中で身に付けてきた、パワポによる「秒で伝わる」スライド作成の考え方を述べていきます。

その際、スライドの具体例があったほうが理解が進むと思いますので、まずは私のパワポ芸人活動の原点とも言えるパワポ作品「もし桃太郎がイヌ・サル・キジにお供になってくれるようプレゼンしたら」をご覧いただきます。以降の章では、このスライドを事例に使い、具体的に解説を進めていきます。

読者の皆さまには、ここから19ページまではイヌ・サル・キジ、あるいはそれに準ずる野生動物になったつもりで読み進めていただければと思います。

きびだんご定期給付システム

DonbraCoのご提案

🍑 Peach boy

株式会社ピーチボーイ
CEO 山川桃太郎

野生動物の皆様、本日はお忙しい中お時間をいただきまして誠にありがとうございます。それではただいまより、私山川より弊社が提供しているきびだんご定期給付システム「DonbraCo」のご提案をさせていただきます。

Agenda

1. はじめに
2. ご提案の背景
3. ご提案内容
4. プランのご紹介

本日のご提案は、大きく4章に分かれております。まずはじめに簡単に自己紹介をさせていただいてから、今回のご提案に至った背景をご説明いたします。そしてご提案内容の詳細についてお伝えし、最後に二つご用意しておりますプランをご紹介いたします。もしお時間がありましたら、この場

で登録手続きもお済ませいただければ幸いです。

　あらためまして、私山川桃太郎と申します。少々特徴的な名前をしておりますので、知人からは「桃太郎」と下の名前で呼ばれることが多いです。出身は桃。趣味、特技は鬼退治です。

　さて、本日皆様にご提案する内容は、ひとことで申し上げますと弊社ピーチボーイが提供しております「DonbraCo」にご登録しませんか、ということ

です。本当に自信を持っておすすめできるサービスなので、ぜひこの機会にご検討いただきたいと考えております。

　それでは、なぜ今回そういったご提案に至ったかについて、順を追ってご説明いたします。

　背景のご説明にあたっては、「DonbraCoが解決する二つの課題」という形でご説明を進めてまいります。一つ目は「社会課題」です。

　皆様ご存知かとは思いますが、この村では恐ろしい鬼による村民のアセット強奪の被害が深刻な社会問題になっております。善良な村民たちは、鬼による強奪の恐怖に怯える不自由な日々を過ごしている状態です。

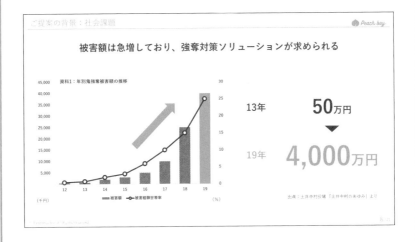

　強奪の被害額は特にここ数年で急増しており、直近の桃和19年では年間4,000万円と、ここ6年でなんと80倍になっています。強奪への対策が村全体の課題となっていると言えるでしょう。

　この問題のソリューションとして、弊社は鬼退治事業を展開しています。鬼退治チームが村から鬼ヶ島へ出張して悪い鬼を退治。奪われたアセットを徴収して村民に還元することで、平和な暮らしを実現するものです。

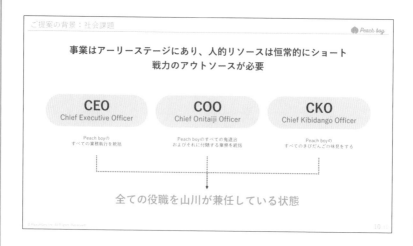

　しかし弊社は、一つの大きな問題を抱えています。それは人手不足です。弊社の事業はまだまだアーリーステージにあり、各役職を私山川が兼任するなど、常に人手が足りない状況にあります。特に肝心の鬼退治における戦力が不足しており、これをアウトソースする必要があると考えております。

以上が社会課題に関する説明でした。次に、環境課題についてご説明いたします。

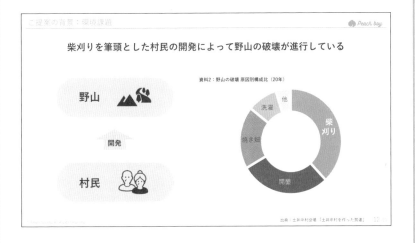

こちらも皆様、重々ご存知かとは思いますが、村民たちは善良ではあるものの、柴刈りをはじめとした各種の開発によって野山の環境破壊を進行させています。　※注：「柴刈り」は実際にはむしろ里山を保全する活動であり、環境を破壊するものではありません

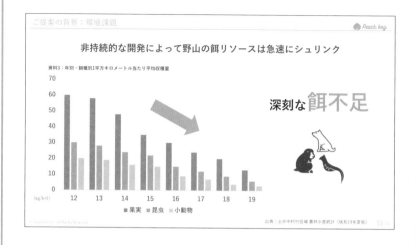

こうした環境破壊によって、野生動物の皆様が普段召し上がっている果実・昆虫・小動物といった餌リソースは急激に減少しており、皆様は深刻な餌不足に陥っているかと思います。

以上がご提案の背景に関するご説明でした。こうした背景を受けて、今回皆様にご提案するのが……

「すきま時間で、鬼退治。」きびだんご定期給付サービス、DonbraCoです。

　このDonbraCoは、弊社の鬼退治をサポートいただくことで、定期的にきびだんごが給付されるというサービスになっております。このように定期的にきびだんごが給付されると何がうれしいかと言いますと、皆様の生活のあり方が大きく変わります。

皆様は現状、言わば「その日暮らし型」の生活をされているかと思います。明日どんな餌がどのくらい獲れるかわからないので、どこに住むか、どのくらい子犬をもうけるかなど、お犬様で言えば犬生設計（けんせいせっけい）ができない状態にあります。

しかしDonbraCoに登録いただくことで、将来食べられる餌の量がわかり、犬生設計をすることが可能になります。これは餌獲得フローのパラダイムシフトであり、革命的な変化であると言えるでしょう。

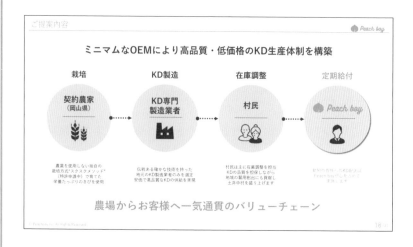

とは言え、どこの犬の骨ともわからないばあさんが作ったきびだんごなんて食べられない……そう思われるきれい好きの野生動物の方もいらっしゃるでしょう。しかしご安心ください、弊社は契約農家から買い上げたきびを専任のきびだんご製造業者で加工しており、村民が担うのは主に在庫調整です。また、きび栽培から皆様の手元に届くまでの工程を弊社がまとめて管理することで、高品質・低価格のきびだんご提供を実現しています。

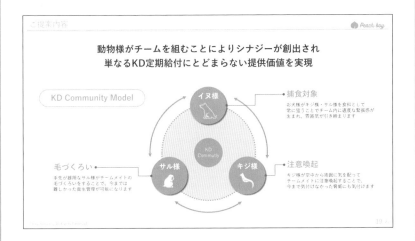

さらに、DonbraCoに登録するメリットはきびだんごがもらえるだけにとどまりません。登録したイヌ様、サル様、キジ様が相互に交流することで、個別で餌を採集していた時には生まれ得なかったシナジーが創出されるのです。

Peach boy

さて、以上がサービス内容のご紹介でした。しかし、気になるのは実際にきびだんごがどのくらいもらえるのかですよね。最後に、DonbraCoのプランについてご紹介いたします。

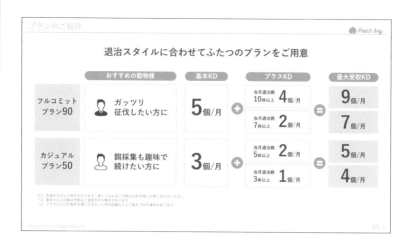

生活を変えると言っても、鬼退治一本で行きたい方もいれば、野山での餌採集も続けたいという方もいらっしゃることと思います。そこで、皆様の退治スタイルに合わせて二つのプランをご用意しております。ガッツリ征伐したい方におすすめのフルコミットプラン90では最大月9個、餌採集も続

けたい方におすすめのカジュアルプラン50では最大月5個のきびだんごが受け取れます。

きびだんごで、生活に安心を。ぜひこの機会にご検討いただけますと幸いです。お時間のある方は、このまま登録手続きに移りますのでお席に座ったままでお待ちください。

……いかがだったでしょうか。

もしかすると、ついつい登録したくなってしまった、という方もいらっしゃるかも知れません。山川さんの事業はいろいろとツッコミどころがあるのでDonbraCo登録はおすすめしませんが、提案内容を魅力的に魅せるスライドであったことは間違いないのではと思います。

この「桃太郎パワポ」を題材に、いよいよスライドの作り方について考えていきましょう。

目次

ブックデザイン　　　　三森健太＋永井里実（JUNGLE）

DTP　　　　　　　　　ニッタプリントサービス

スライド・図版作成　　著者

著者アイコン・イラスト　Amy Matsushita-Beal

第 **1** 章

なぜ
スライドを
作るのか

🖥 そもそもスライドなんかいらない？

スライド作成に取り掛かる前に、「スライドを作る目的」についてちょっと考えてみましょう。

いきなり前提を覆す（くつがえ）ようなことを言ってしまいますが、そもそもあの「桃太郎パワポ」って、本当に必要だったんでしょうか？

原作の昔話では、主人公の桃太郎はあんな大層なスライドは作っていません。おばあさんからもらったきびだんごを渡して、「仲間になってくれ」と言っただけです。イヌ・サル・キジは、「犬生設計」だの「シナジーの創出」だの「フルコミットプラン90」だのといったややこしいことなんか一切考えず、シンプルなギブアンドテイクの精神で、鬼退治という危険な任務のサポートを約束してくれました。

身も蓋（ふた）もないですが、それで済むならそれでいいのです。スライドを作るのはそれなりに手間がかかるので、作らなくていいならそれに越したことはありません。

では、なぜ山川さんはあんな大作をわざわざこしらえたのか？　それはきっと、イヌ・サル・キジが仲間になってくれる確率が高まるからです。山川さんは、きびだんごという報酬と言葉によるお願いだけでは、動物たちを説得するのは難しいと考えたのでしょう。

スライドを使って、「自分が何者なのか」「動物たちにどんなメリットがあるのか」「どんな世界が待っているのか」をわかりやすく伝えないと、仲間になってもらうという目的を達成することが難しいと考えたから、あえて手間をかけてスライドを作ったのです。

そしてこれは、私たちがスライドを作る時も同じです。スライドを作るのは、あくまでも目的を達成するための手段。

　赤ちゃんの粘土あそびは「粘土でなんらかの物体を作って楽しむこと」が目的ですが、私たちは「スライドあそび」をしたいわけではありません。私たちの目的は常に「相手に納得してもらい、行動してもらうこと」であるはずです。

　そしてそのための手段は、何もスライドだけとは限りません。口頭で説明してもいいですし、メールを一本打つほうがいいかも知れません。場合によっては、一度飲みに行くのもいいでしょう。スライドとは、無数にある「相手を納得＆行動させるための手段」の中の一つに過ぎないのです。

　しかも、スライドという手段は往々にしてけっこう面倒なものです。わざわざパワポを立ち上げてちまちまスライドを作って見せるよりも、（それで済むなら）一本電話して相談してしまったほうが圧倒的にラクで早いはずです。無数にある手段の中からあえてこの面倒なスライドという手段を選ぶなら、スライドの強みを理解し、それを活かした使い方をしてしかるべきでしょう。

口で説明する？　　一本メールを書く？　　一回飲みにいく？

必ずしもスライドを作る必要はない
⇒それでも作るならスライドの強みを活かすべき

💻 最強のビジュアライゼーションツール、パワポ

　では、スライドの強みはなんでしょうか？　それは「ビジュアル」です。私たち人間は、何だかんだ視覚情報に強く頼って生きている生き物。「口で何回説明されて

もわからなかったのに、ホワイトボードに描いてもらったらわかった」「文章で読んでもよくわからなかったが、図を使った解説を見たらすぐに理解できた」という経験は皆さんも身に覚えがあるのではないでしょうか。ビジュアルで示すということは、口頭による説明や文章には決してなし得ない、スライドの最強の武器なのです。

　一方で、スライドが一番ビジュアルに強いかと言えば、そういうわけではありません。静止画が主であるスライドよりも、動画で語ったほうがビジュアル度の高い説明ができますし、さらに言えば説明したい内容を実際に体験してもらうのが一番いいでしょう。スライドのビジュアル度がいくら強いと言っても、動きを持ったビジュアルや、肌で感じる実体験には到底かないません。

　ところが、ビジネスの場でいちいち動画を作るわけにもいきませんし、毎回毎回現場に来てもらうわけにもいきません。動画や体験は、口頭説明や文章による説明に比べるとはるかに大きな手間がかかることがほとんどだからです。一方でスライドは、うまく使いこなすことができれば、適度な手間で十分に高いビジュアル度を持ったアウトプットにすることができます。すなわちスライド（＝パワポ）は、多くのビジネスマンにとって最も身近で使いこなしやすい「ビジュアライゼーションツール」なのです。

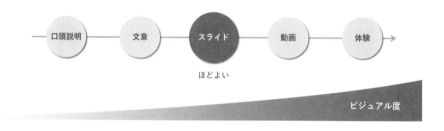

パワポは時間泥棒？

　世界的な企業Amazonでは、社員の生産性を高めるためにパワポを使うことを禁じているという話があります（実際には一切使わないというわけではないようですが）。働き方改革が叫ばれる昨今、Amazon以外の企業においても、パワポはしばしば生産性を低くする犯人として槍玉に上げられることがあります。

　実際、パワポを使ってスライドを作ると良くも悪くも「形になって」しまうので、中身が全然ダメダメでもなんとなく仕事をしたような満足感が得られてしまいます。見た目にこだわってスライドをセコセコ作成し、時間ばかりかかった割に何も話が進んでいない……。そういった状況に陥ってしまうことも少なくありません。

　パワポは、現代の働き方にはふさわしくない、いわば「時間泥棒」なのでしょうか……？

　私はそうは思いません。先述のとおり、相手に納得＆行動を起こしてもらうという目的を持った時、パワポが私たち普通のビジネスマンに与えてくれるビジュアルという武器は、非常に強力なものだからです。

　しかし一方で、パワポが時間泥棒になりやすいこともまた事実。パワポを時間泥棒にせず、強力な武器として使いこなすために一番大事なことは、適切なタイミングで使うということです。たとえば、社内で行う打ち合わせの資料。それは本当にスライドに起こす必要があるでしょうか？　Wordやメモ帳、メール、あるいは手書きのメモでも十分目的は達成できるのではないでしょうか。もしかしたら、一瞬電話して済ませたほうが早いかも知れません。

　このように、「スライドを作ること」を前提とせず、目的を達成する手段をゼロベースで考えてみること。これがパワポを時間泥棒にしないための第一歩です。

　この第一歩を押さえたら、次に大切なのがスライドを手早く作るということ。これは後程、「サボる」の章（第5章）で見ていくことにしましょう。

スライド制作の"構造"

さて、ここまでの内容で、

・スライドは、納得＆行動をしてもらうための一つの手段である
・スライドの強みはビジュアルで示せることである

ということがわかりました。以上を踏まえて、スライド制作の流れを一つの構造図で示すと、以下のようになります。

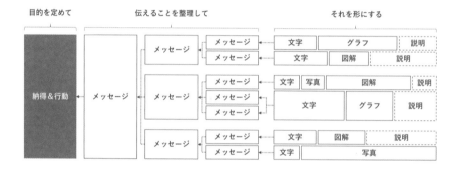

すなわちスライド制作とは、

「相手に納得して行動してもらうという目的を達成するために」
「相手に伝える必要があるメッセージを整理して」
「適切な要素に置き換えて相手に伝える」

という一連の流れなのです。スライドを作成する際は、このような構造図を頭の中に作ることが非常に重要です。

次章からは、この構造図を左から順に追うような形で、「メッセージを作る（第2章）」「デザインに落とす（第3章）」「プレゼンする（第4章）」の三つのパートに分けて、スライド制作の考え方を述べていきます。

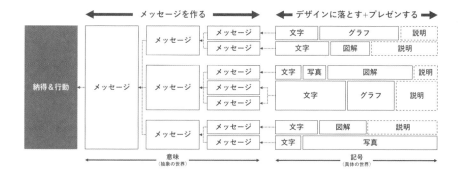

また、私たちビジネスマンは大体忙しい生き物なので、スライド作成に無駄な時間をかけているわけにはいきません。スライドの作り方を解説した後に、「サボる」(第5章)すなわちスライドを手早く作成するテクニックについてもご紹介します。

2章 —— メッセージを作る

3章 —— デザインに落とす

4章 —— プレゼンする

5章 ・・・・・・ サボる

第2章～第5章の各章では、全体として押さえておきたい考え方「極意」と、実際に順を追って進めていく手順「ステップ」の二つに分けて説明をしていきます。

第 2 章

メッセージを
作る

主役は聴き手

　メッセージを作る時の極意、一つ目は「主役は聴き手」であるということです。

　繰り返しになりますが、スライドを作る目的は相手に納得＆行動をしてもらうこと。なので、メッセージを考える時に最初にするべきなのは「何を伝えたら相手は納得＆行動してくれるか?」を考えることです。スライド（≒プレゼン）の本質は、相手が納得＆行動してくれるかどうかにあります。

　つまり、主役は話し手ではなく、聴き手なのです。

話す人
ではなく

聴く人が
主役

● 納得してもらえるか?
● 行動してもらえるか?

　なので、まずは聴き手の気持ちを想像して、「どうしたら納得してもらえるかな」「何を伝えたら行動してもらえるかな」「何を知りたがっているんだろう?」と考えてみます。
「〇〇社はどういう悩みを抱えていて、現状どういう対策を打っているのかな」
「部長はどういう情報があれば GO サインを出してくれるのかな」
「受講生の皆さんはどういう知識を期待して出席してるんだろう?」
「教授は普段、どういうところを褒めてどういうところを指摘していただろうか?」

　時には事前にアンケートを取ったり、書籍を読み込んだり、ネットで情報を集めたり、といったことも必要になるかも知れません。大事なのは「主役は自分（＝話し手）ではなく、聴き手である」ときちんと自覚した上でメッセージを考えるということです。

なお、スライドの主役が聴き手であるのと同じように、この本の「主役」は著者の私ではなく、読んでくださっている皆さんです。私がいくら気合を入れた文章をガシガシ書き連ねようが、皆さんに「なるほどそういうことか!」と思って行動に移してもらえなければ単なる私の自己満足であり、何の意味もありません（私なりに精いっぱい考えて書いてはいますが、皆さんのパワポライフが少しでも変化することを祈るばかりです）。

🖥 中身が本質

二つ目の極意は、「中身が本質」ということです。先ほどの構造図は、左から目的である「納得＆行動」と、そのために必要な「メッセージ」、そしてそれを表現した「デザイン＋プレゼン」という三つに切り分けることができます。

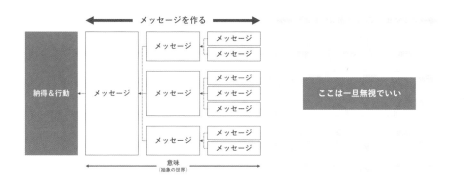

そしてこの三つにあえて優先順位を付けるとすれば、一番大事なのは「納得＆行動」。次に大事なのが「メッセージ」。スライドの「デザイン」は所詮メッセージを伝えるための手段であり、優先順位は最も下になります。

納得＆行動 ＞ メッセージ ＞ デザイン＋プレゼン

　にもかかわらず、私たちは時々、必要以上にデザインにこだわってしまうことがあります。おしゃれなテンプレートを使ってみたり、やたらと背景に写真を挿入してみたり……。良いメッセージが作れていないのにやたらとデザインにこだわることは、まさに手段の目的化であり、本末転倒と言わざるを得ません。

　このことを別の角度から捉えるために、スライドを「中身が良い／悪い」「見た目が良い／悪い」で4種類に分けて考えてみましょう。

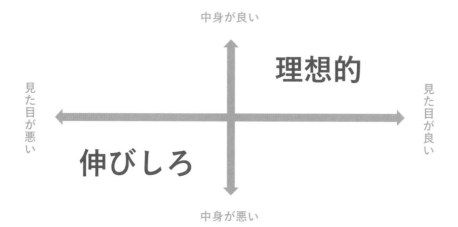

どんな人でも、最初は左下（中身が悪い／見た目が悪い）にいます。生まれた瞬間から自転車に乗れた人はいませんから、ここにいることは全く問題ではありません。本を読んだり先輩から学んだりして、右上（中身が良い／見た目が良い）を目指しましょう。

　しかしここで重要なのは、左下から右上に至る時の順番です。必ず、まずは左上を目指す（中身を良くする）ようにするのがよいでしょう。見た目が多少悪くても、的確なメッセージをきちんと整理して伝えられていれば、相手が納得＆行動してくれる可能性は高まります。

　一方で、メッセージが曖昧だったり、見当はずれだったりするままで、見た目だけ良くしようとするアプローチは完全に悪手です。スライドを作る時間だけがどんどん奪われ、得られるリターンは少ないという結果になります。「このスライド、見た目はキレイだけど何が言いたいのかよくわからないな……」「小ぎれいだけど、全然響いてこないな……」そう思ったことが皆さんもあるのではないでしょうか。

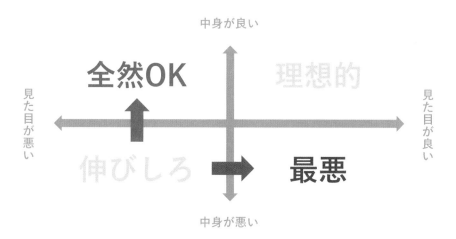

　なので、スライドを作成する流れの中でも、特に重要なのは「メッセージを作る」という部分です。全体の工数のうち、7割程度はメッセージを作る工程に割き、デザインに落とす工程は3割程度で済ますようなイメージで取り掛かるとよいでしょう。

メッセージを作る ⬤7割

🔻

デザインに落とす ⬤3割

💻 魔法の言葉「要するに」

　三つ目の極意は、魔法の言葉「要するに」を使いこなすということです。

　「要するに」は私の好きな言葉ランキング第一位の非常に優秀な言葉です（ちなみに第二位は「そもそも」です）。私が「要するに」という言葉が好きな理由は、これがメッセージの大事な部分を抽出してバシッと示してくれる言葉だからです。

　私たち人間は一般的に、多くの情報を一度に覚えることが苦手です。たとえば、何時間もかけてボリュームたっぷりのセミナーを受講した後、同僚から「どうだった?」と聞かれて「おもしろかったよ」と答えたものの、「具体的にどこがおもしろかった?」と聞かれたら言葉に詰まってしまった……。そんな経験、皆さんもあるのではないでしょうか。そう、私たちは聞いた話のほとんどを速攻で忘れるのです。いくらそのセミナーが全体を通して「(何となく) おもしろかった」としても、そのセミナーから何を学んだのかを自分の口で説明できなければ、残念ながらそのセミナーは受けなかったのと一緒ではないでしょうか。

　だからこそ、スライドを作る側にとっては「これだけ押さえておけばとりあえずOKな、メッセージの本質を捉えたエッセンス」を明確に示すことが非常に重要になります。

言うなれば、SNSで使う「#（ハッシュタグ）」のようなイメージです。細かい部分は忘れてしまったとしても、ハッシュタグさえ覚えておけば、それを起点にして大まかな内容を思い出せる——そういった「要するに」を示すことで、スライドは飛躍的にわかりやすくなります。

　そして私は、優れたプレゼンは必ず三階層の「要するに」を持っていると考えています。それは、

①プレゼン全体の「要するに」
②章ごとの「要するに」
③スライドごとの「要するに」

です。

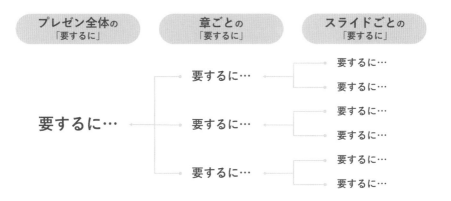

　具体的には、たとえば小学生がお母さんに「犬を飼いたい」ということを伝えるプレゼンであれば……

次のような「要するに」の階層構造が作られているべきでしょう。

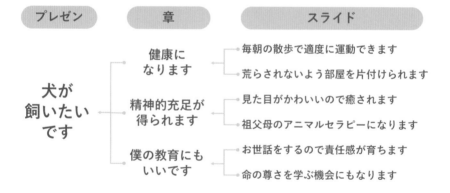

　そのプレゼン全体を通して、結局何が言いたいのか。それぞれの章のまとまりでは、結局何が言いたいのか。そして、スライド一枚一枚では結局何が言いたいのか。

　これらを明確に定めることが、メッセージ作成のゴールです。

　ここが曖昧になっていると、聴き手も何を頭に残していいのかがわからず、「おもしろかった」だけのプレゼンで終わってしまいます（もちろん「つまらなかった」だけの最悪

なプレゼンになることもあります……)。

　なお、この階層構造は、最初に示したスライド作成のキモとなる構造図にまるっと含まれています。後程示すステップに従ってメッセージを整理すれば、自ずと階層構造が生まれてくるはずです。

　ここで注意したいことは、これらの「要するに」は必ず左側から順番に分解していくということです。決して、右側から作ってはいけません。「お、この図もとりあえず載せておくか」「せっかく分析したし、このデータも入れておこう」「この写真も見た目がカッコいいから入れてみようかな」といったように、右側から（スライドに載せる要素から）作ってしまうと、何を伝えたいのかわかりにくい悲しいスライドになってしまいます。

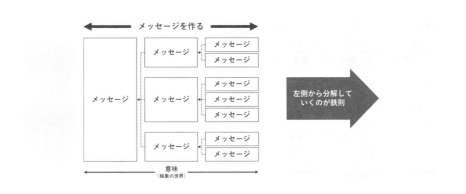

　この後のステップでも、常に工程は「左から右へ」と進行していきます。この順番は非常に重要なので、常に意識しておくようにしてください。

🖥 まず紙とペン！

　メッセージ作成の極意、最後は「まず紙とペン」です。
　ここで、皆さんに一つ質問をさせてください。皆さんが「よし、スライドを作ろう！」と思い立った時、最初にすることはなんでしょうか？　普段の手順を思い出してみてください。

「とりあえずパワポを立ち上げて、タイトルを打ち込んで……」という方、結構多いのではないでしょうか。ここで私がおすすめしているのは、「一度パソコンを閉じて、まず紙とペンを手に取る」ということです。

　と言うのも、ここでやりたいのは「考えること」だからです。相手に納得＆行動してもらうためにメッセージを整理することが目的なので、このタイミングではまだキレイなスライドを作る必要はありません。「まだ抽象の世界にいるので、具体の世界に入るのは時期尚早」とも言い換えられます。

　そもそも、パワポは「ビジュアライゼーションツール」です。パワポは私たちの頭の中にある曖昧な物事をデジタルの世界に誘い、明確な視覚情報にしてくれます。ひとたびデジタルの世界でビジュアライズしてしまえば、大画面に映し出して多くの人に見せたり、メールに添付して地球の裏側にいる人に共有するのもお手の物。もしこれが模造紙に描いた図だったら、拡大コピーしたり、郵送したり……きっと大変な手間がかかることでしょう。

　しかし、そんな便利なパワポにも弱みがあります。編集に時間がかかるということです。ちょっとピラミッド構造の図を書いて考えを整理しようと思ったら、挿入タブから三角形を2〜3個挿入しないといけないですし、「パワポ」と打ち込んだ後に「PowerPoint」のほうがしっくりくると思ったら、BackSpaceを叩いていちいち文字を消してから打ち直さないといけません。

	👤🖥 パワポ	📖 紙とペン
目的	可視化すること	考えること
強み	視認性が高い 保存・共有が容易	直感的（手を動かす） すぐに書き直せる
弱み	編集に時間が かかる	保存・共有の コストが大きい

その点、紙とペンは優秀です。ピラミッド構造なんて適当に三角形をチャチャっと書けば3秒で完成しますし、多少文字を間違えたくらいなら、二重線でササっと消しておけばOK。また、ペンを持って手を動かすと、パソコンのスクリーンを睨みながらキーボードを叩くよりもはるかによく頭が働きます。ITツールがこれだけ発達した現代においても、「考える」という文脈において、紙とペンに勝る道具はないのです。

　スライド作成における工数の7割をかけるべき「メッセージを作る」という工程においては、パワポの出番はありません。ついついパソコンを開きたくなるところをグッと我慢して、紙とペンで頭を動かしてきちんと考え切ること。これが、良いスライドを作るための絶対条件です。

　紙とペンで考え切ることができれば、デザインに落とし込む途中でまたメッセージを考えなおすという無駄な往復が発生しないので、結果的にスライド作成にかかる全体の工数はむしろ少なくて済むはずです。

1 プレゼントを決める

　さて、これでメッセージ作成の四つの極意は押さえられました。ここからは、いよいよ実際にメッセージを考えていきます。
　最初のステップは、納得＆行動という目的を達成するために、相手に伝える必要があるメッセージを考えるということです。

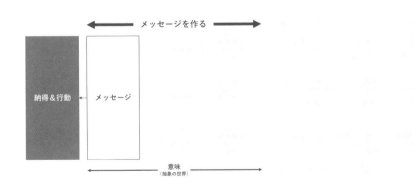

私はこのことを、「プレゼントを決める」と呼んでいます。一種の言葉あそびのようなものですが、私はプレゼンテーションとはいわば「プレゼント」であると考えているからです。自分の頭の中にあるメッセージを、伝えたい相手に「ハイどうぞ」とお渡しする。この行為こそが「プレゼンテーション」なのです。

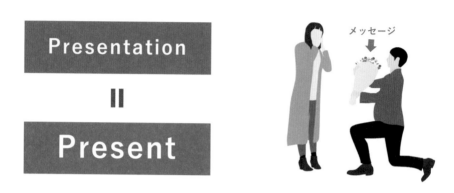

　そして、誰かにプレゼントを渡す時に、ラッピングの仕方や渡す場所を先に考える人はあまりいないでしょう。一番大事なのは、やはり何を渡すか。「何を渡せば相手が喜んでくれるのか」を一番先に考えるべきです。

　それはプレゼンテーションでも同じこと。相手に喜んでもらい（納得してもらい）行動を起こしてもらうために、伝えたいメッセージをはっきりと定義しましょう。それはたとえば「メリットがたくさんあるので契約してください」だったり、「絶対に成功させるのでGOサインを出してください」だったりと色々なパターンがありますが、大事なことは「で、要するにどうしてほしいの？」と言われた時に即答できるようにしておくということです。

　ちなみに、プレゼンをする時はこのプレゼントをあまりもったいぶらず冒頭で示してしまうとよいでしょう。山川さんは、自己紹介の次のスライドで「今日の提案は要するにこういうことです」と示していました。

ご提案

Peach boyがご提供するきびだんご定期給付システム
「 *DonbraCo* 」に登録しませんか？

ドンブラコ

　プレゼントを最初に出すのがよい理由は、結論を先に教えてもらうことで、聴き手が判断に必要な情報を探すつもりでプレゼンを聴くことができるからです。「なぜ急にきびだんご定期給付システムを提案してきたんだ……？」「DonbraCo ってどんなサービスなんだ……？」という疑問を持ちながら、いわば答え合わせをするようにプレゼンを聴くと、ただ漫然と聴くよりもずっと話が頭に入ってきやすいのです。

　ただ、なんでもかんでも結論を先に出せばいいというものではありません。慎重派の上司に前例をひっくり返すような提案をする時など、あえて結論を最後に持ってきたほうがいい場合もあるでしょう。
　納得＆行動をしてもらうために、どのタイミングでプレゼントを出すかは注意して検討するようにしてください。

2 全て書き出す

　プレゼントが決まったら、次は紙の上に頭の中身を全て書き出してみましょう。材料を冷蔵庫から出してまな板の上に載せないと料理は始まりません。スライド作成も一緒で、腕を組んでウンウン唸っていても考えが深まることはないのです。

あーでもない、こーでもないと何時間もかけて考えてみたけど、結局何も進んでいない。そういった経験をしたことが皆さんも一度はあるのではないでしょうか。それは「考える」ではなく「悩む」です。同じところをグルグル回り続ける（悩む）のではなく、頭の中身を整理してきちんと前に進む（考える）ために、紙の上に全て書き出してみましょう。

なお、このタイミングでは紙の上に書き出す内容の質は全く気にする必要はありません。丁寧に整理しながら書こうなどとは考えず、ひたすら言いたいことや材料になりそうなことを紙の上に吐き出すことが大事です。

たとえば桃太郎パワポを作った時、私はこのようなことを紙に書いていました。全く整理されておらず、混沌としていることが見て取れます。

■状況
- 野生動物たちはきびだんごをあげるだけで命を懸けてくれる
- 村の高齢者たちは鬼による強奪に怯える暮らしを送っている
- 野生動物たちはきびだんご以外にも普通に野山で餌をとっている
- 桃太郎が鬼退治を事業化し、ベンチャー企業を経営している
- 人手が足りないので、戦力をアウトソースする
- 野生動物たちを説得するためにプレゼンを行う
- プレゼンの最後に携帯電話のようなプランの紹介をする
- クラウドソーシングのようなイメージ

■ネタ
- Peach boy
- 岡山県
- ドンブラコ
- Chief Onitaiji Officer
- 柴刈り
- 強奪被害額の推移
- アジャイル
- シナジー
- OEM
- いい質問ですね
- きびだんご税

ちなみに、この時に使う紙はなるべく大きなものをオススメします。少なくともB5くらいのサイズがあるとよいでしょう。手のひらサイズのメモなどの小さい紙を使うと、一文で終わるような短い文章しか書けません。ある程度の面積を持った紙を使って、

ちょっとした図を描き入れたり、どんどん範囲を広げて考えを膨らませていくことができたりしないと、「手を動かして頭を働かせる」という目的が十分に果たせなくなってしまいます。

　また、罫線があるものよりも白紙のほうが良いです。これは罫線があるとつい文字を書きたくなってしまい、思考の広がりが制限されてしまうからです。

　と言いつつも、ここは最後は好みの問題です。ポスト・イットやホワイトボードを使う人もいれば、いきなりWordやGoogleドキュメントで箇条書きを作り始める人もいるでしょう。私のおすすめはA4の白紙ですが、色々試してみて自分が一番頭が働くと思う方法を取ってみてください。ともかく大事なことは、一度頭の中身を全て形にするということです。

3　章を作る

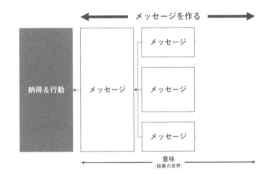

　紙の上に頭の中身を吐き出すことができたら、次は章を作ります。
　「きびだんごをあげるから、仲間になってくれ！」くらいのシンプルなメッセージであれば、それだけを直球でぶつけてもよいでしょう。
　しかし、ある程度複雑で量の多いメッセージを伝えようとする場合は、メッセージを一定の大きさを持ったまとまりに区切って伝えてあげると、聴き手に理解してもらいやすくなります。

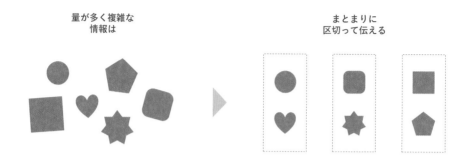

量が多く複雑な
情報は

まとまりに
区切って伝える

これは、口頭の説明でも一緒です。

「この定食屋が優れている理由として、まず味がよいということが挙げられます。使用している野菜は産地にこだわった有機栽培のもの。そして魚介類は採れたて新鮮です。また、値段が安いのも重要ですよね。一般的にこのあたりの定食屋で生姜焼き定食を頼むと……」

とだらだら説明されるよりも、

「この定食屋が優れている理由は三つあります。『うまい、やすい、はやい』です。まず、なぜうまいかと言うと……」

と最初に全体像を示して区切りながら説明されたほうが理解しやすいはずです。

また、プレゼンを「聴き手を結論へと連れていく旅」にたとえれば、章とは目的地に向かうまでのチェックポイントであるとも言うことができます。飛行機に乗ると、出発地と目的地との間で今どのあたりにいるかがモニターに映し出されます。もしこの表示がなかったら、きっと普段よりも乗っている時間を長く感じることでしょう。全体行程の中で自分が今どのあたりにいるのかを認識することで、聴き手は安心し、プレゼンがより聴きやすいものになるのです。

さて、そんな章をどう作るかと言えば、誰かの真似をします。

提案のプレゼン、報告のプレゼン、お願いのプレゼン……世の中にはプレゼンの目的によって章の組み立て方にお決まりパターンがあるので、それを真似したほうが聴き手もすんなり受け入れやすいものです。自分で一から流れを考えるより誰かの真似をしたほうが、手間もかからず結果的に良いものが作れます。同じ部署の資料作成が上手い先輩を真似てもいいですし、「プレゼン　流れ」などのキーワードでGoogle検索するのもいいでしょう。今のご時世、Google先生に聞けばだいたいのことはわかります。

　私も桃太郎パワポを作るにあたっては、「提案資料　流れ」で検索していくつかの記事を読み、以下のような章立てにすることに決めました。

もし企画書を作るなら、こんな流れがいいかと思います。

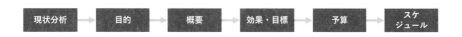

作ろうとしている資料が研究報告なら、こんな流れになるでしょう。

　ベンチャー企業が資金調達をするためのスライドなら、たとえばこういう流れになるかも知れません。

とは言え、これらの例はあくまでも一つの例に過ぎません。プレゼントのステップでも述べたように、聴き手に納得＆行動をしてもらうという目的を達成するために、聴き手がさっさと結論を言ってほしいと思っているなら結論から入ったほうがいいですし、こちらのメッセージに懐疑的な場合はあえて周りから攻めたほうがいい場合もあります。周辺情報をすっ飛ばして大事な部分だけをバシッと伝えたほうが刺さることもあれば、背景から細かい言葉の定義まで、丁寧にじっくり話したほうが伝わることもあるでしょう。上記の例や先人の資料、Google検索で出てきた記事などを参考にしつつ、ケースバイケースでどのような章立てで伝えるのが最適かを考えてみてください。

そして次に、この章ごとに「要するに」何が言いたいのか、を考えていきます。たとえば桃太郎パワポなら、以下のような形になりました。

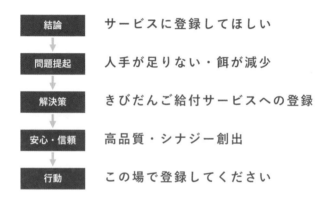

ここで重要なのは、何行もだらだら書かず、ひとことで言い切ってしまうこと。この時点で「要するに」がひとことで言えなければ、プレゼンにした時にも結局聴き手の頭を素通りしてしまいます。魔法の言葉「要するに」を常に意識して工程を進むようにしましょう。

これで、二階層目の「要するに」が完成しました。

4 メッセージに分解する

ここからはメッセージ作成の最後のステップ、三階層目の「要するに」を作っていきます。

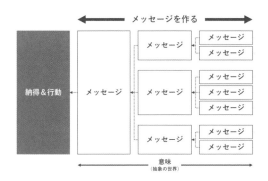

基本的な考え方は、章の「要するに」を説明するために不足している情報は何か？を考えるということです。

すでに章ごとの「要するに」は完成しているものの、このメッセージの粒度（りゅうど）でそのままスライドに落とし込んでしまうと、あまりにも事前情報をすっ飛ばした乱暴なスライドが完成します。そこで、それぞれの章の「要するに」を説明するために必要な要素を補足して、もう少し丁寧なメッセージに分解して整理していきます。

桃太郎パワポを例に考えてみましょう。たとえば、もし山川さんと野生動物たちが初対面だったなら、山川さんが自己紹介もせずにいきなりサービスの説明を始めたら、さすがに聴く耳を持ってもらえないでしょう。

また、いきなり人手が足りないから手伝ってくれ、餌が減っているんですと言われてもなぜそうなるのかが理解できません。

さらに、サービスの具体的な内容やメリットがわからなければ、登録に踏み切ることはできないでしょう。

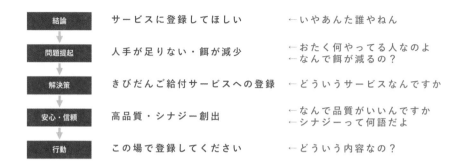

以上のような考え方で、必要な情報を差し込んでいきます。

桃太郎パワポの場合は、問題提起の章は少々ボリュームが大きかったので、社会課題と環境課題の二つのパートに分けました。

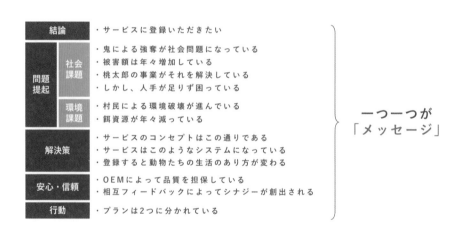

以上で、メッセージの箇条書きができました。この後のデザインに落とす工程で、これらのメッセージがそれぞれ一枚一枚のスライドになっていきます。

この箇条書きは、いわば物語の「あらすじ」。これさえ読めば、スライドがなくてもある程度どんなことが言いたいのかが伝わるようになっていることが理想です。

そのために、完成した箇条書きを見ながら、一度壁に向かって一人でプレゼンをしてみましょう。きちんと物語のあらすじが作れていれば、スライドを作らなくても言

葉がスラスラと飛び出して説明ができるはずです。

　逆に言えば、それができないのであれば箇条書きの出来もイマイチです。もう一度工程をさかのぼって箇条書きを作り直してみましょう。スライドは、あくまで言葉による説明のサポート役。言葉による説明がわかりにくければ、スライドを使ったところでわかりやすくなることは絶対にないからです。

　さて、ここまでで、聴き手に納得＆行動をしてもらうために伝えるメッセージを定め、章、スライドと分解して整理してきました。ここまでやってきたことは、具体的な記号に落とし込む前の抽象的な「意味」の整理なので、スライド以外の手段を使う場合でも重要な工程になります。

　目的の達成のために、何を、どのような順番で伝えるべきなのか。口頭で説明する場合でも、メールを書く場合でも、一度飲みに行って説得する場合でも、はじめにこのような「意味」の整理から始めるようにしましょう。

- 主役は聴き手：**目的は納得&行動してもらうこと**
- 中身が本質：**見た目より中身を先に磨く**
- 魔法の言葉「要するに」：**三階層の「要するに」を作る**
- まず紙とペン！：**考えている間はパワポを閉じる**
- ①プレゼントを決める：**まずは何を伝えるか**
- ②全て書き出す：**材料をすべてまな板にのせる**
- ③章を作る：**お決まりの流れに当てはめる**
- ④メッセージに分解する：**不足情報を補足する**

第 **3** 章

デザインに
落とす

ここからは、ここまで整理してきたメッセージをいよいよスライドというビジュアルの記号に置き換えていきます。難しいですが、一番楽しい部分でもあります。楽しんで取り組んでいきましょう。ここでも、極意とステップに分けて説明をしていきます。

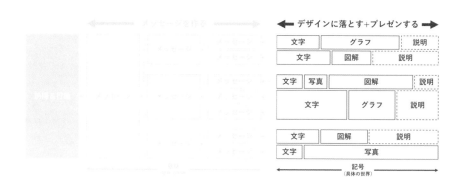

記号を選ぶ

最初の極意は「記号を選ぶ」です。メッセージという「意味」をスライド上の「記号」に変換していく際は、さまざまな種類がある記号の中から、伝えたいメッセージに応じて適切なものを選ぶことが非常に重要になってきます。

最も使いやすい記号は「文字」です。この本も、一部スライドや挿絵を含むものの、基本的に文字を使って読者の皆さんにメッセージを伝えています。文字は、面積あたりに持たせられる情報が最も多い便利な記号です。数百ページの本に、膨大な量の情報を持たせることができます。この本の内容を、文字を使わずに全て図や写真だけで示そうとしたら、とんでもないページ数になってしまうでしょう。

また、文字は作成が非常に簡単です。キーボードを打てば、頭の中にある言葉をそのまま形にすることができます。

一方で、文字の最大の弱点は「ビジュアルではない」ということです。文字は聴き手が意味を受け取るために「内容を読んで理解する」という工程が必要になるの

で、意味が伝わるまでにワンクッションが発生してしまいます。特にある程度長い文章は、小説のようにカフェでじっくり読むならいいですが、講演会場でスクリーンに映し出されたものを読むとなるとなかなか骨が折れるでしょう。スライドの強みはビジュアルで示せることなので、「秒で伝わる」スライドを作るためには、可能な限り文字を使わずにビジュアルで伝えたいところです。

　一方で、先ほどまでの工程で作った最終的なアウトプットは文字によって構成された箇条書きでした。そのため、優れた（適切にビジュアル化された）スライドを作る時の重要なポイントの一つは、「文字で表現されたメッセージを、いかに文字を使わずにビジュアルで表現するか」ということになります。具体的にどのような方法で文字をビジュアル化していくかは、この後の「構造を抽出する」のステップ（63ページ）で見ていきましょう。

　なお、誤解を招かないように念のため述べておくと、ここで言いたいのは必ずしも「スライドを作る時は、文字をなるべく使わないようにしましょう」ということではありません。少ないスペースに少ない労力でたくさんの情報を表現することができる文字はむしろ、スライドを作る上で絶対に欠かせない強力な武器です。重要なのは、「相手に納得＆行動をしてもらうために、スライドのビジュアルという強みを認識した上で、適切な記号を選ぶという意識を持つ」ということ。

　この意識を持っているのといないのとでは、最終的なアウトプットが大きく変わってくるはずです。

ノイズを減らす

　二つ目の極意は、「ノイズを減らす」です。ここまで見てきたように、デザインとはメッセージを伝えるために必要な記号をスライドの上に載せていくことでした。これは裏を返せば、メッセージを伝える上で必要ない記号はスライドの上に載せない、と言うこともできます。これがデザインの工程における最も重要な考え方、「ノイズを削る」です。

私たち人間にとって、たくさんの情報の中から重要な情報だけを取り出すということは、実はかなり骨の折れる作業です。

たとえば、下のようにたくさん並べた数字の中に、3がいくつあるか数えてみてください。

6 3 8 5 4 2 9 7 6 5
9 1 2 7 2 2
2 2 3 6 1 3 1 6
7 4 6 4 9 3
3 2 1 9 7 2 8 9 6 3
5 9 6 8 5 3 1 7 4 8
8 5 3 5 4 7 8

数えられましたか？　では、今度はこの中から探してみてください。

6 3 8 5 4 2 9 7 6 5
9 1 2 7 2 2
2 2 3 6 1 3 1 6
7 4 6 4 9 3
3 2 1 9 7 2 8 9 6 3
5 9 6 8 5 3 1 7 4 8
8 5 3 5 4 7 8

今注目してほしい3以外の数字を薄いグレーにしてみました。正解は8個ですが、最初よりはるかに早く探せたのではないかと思います。

では、今度は8がいくつあるか数えてみてください。

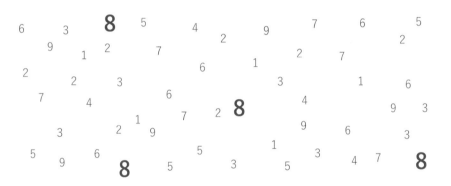

次に、この中から同じく8を数えてみてください。

8だけを大きくし、それ以外の数字は小さくして、さらに細字にしてみました。この
ように、色や大きさを変えて「今見てほしい部分」を際立たせることで、ぱっと見た
だけでメッセージが伝わるスライドが作れるのです。

せっかく伝えたいメッセージをうまく表しても、その周りにゴチャゴチャと邪魔な要素
が存在していると、スッと頭にメッセージが入ってきません。このゴチャゴチャがすな
わちノイズであり、「秒で伝わる」スライドが作りたいなら、このノイズをいかに減らす
かが非常に重要になってきます。

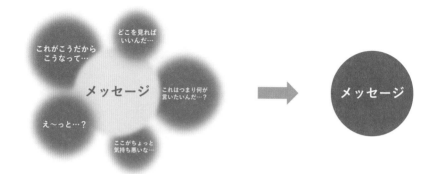

先人に学ぶ

　三つ目の極意は、「先人に学ぶ」です。皆さんは、この言葉を知っているでしょうか？「少しのことにも、先達はあらまほしきことなり」。これは『徒然草』の「仁和寺にある法師」という段に登場する言葉で、「ちょっとしたことでも、経験者のアドバイスがもらいたいものだ」という意味です。

　私は、物事の本質をズバッと捉えているこの言葉がとても好きです。人類の歴史はもう何千年と続いてきているので、先人たちが築いてきたすばらしい資産が世の中には山ほど溢れています。スライドのデザインを考える時、私たちはつい一人でモニターとにらめっこして、ああでもないこうでもないとテキストボックスや図形をいじくり回してしまいがちですが、まずは「先達」の真似をしてみましょう。「まなぶ」は「まねぶ」です。一人でウンウン悩むよりも、すごい人の真似をしたほうがはるかに早く、いいものができるのです。

　「まねぶ」材料になる先達はそこらじゅうにいます。職場やゼミ、研究室に、資料作成が上手い人がきっと一人や二人はいると思うので、身の回りの人の真似から始めてもＯＫです。また、Googleの検索窓に「パワポ　おしゃれ」と入れると、我々が悩

んで作ったよりもずっといいデザインが山ほど出てきます。便利な世の中になったものです。

　ただし、Google検索を活用した学び方にもコツがあります。「パワポ おしゃれ」で検索すると海外のおしゃれなテンプレートが多数ヒットしますが、多くの場合こういったテンプレートは少々「おしゃれすぎる」ものです。矢印がグルングルンに絡み合ったダイアグラム、カッコいい写真がバーンと載ってるけど文字を書くスペースがないスライド、使いどころのないスマホのモックアップ……。ビジネスの場で使うスライドとしては、なかなか活用が難しいでしょう。そこでおすすめする検索キーワードが「決算資料」です。

　決算資料とは、企業が株主やメディアに対して自社の業績を報告するために作成する資料のこと。こうした決算資料は、実際のビジネスの場で使われているものなので実用的なデザインの宝庫です。また、企業によっては非常にわかりやすくデザインも洗練されており、お手本に最適です。SMBCグループや、Wantedly、Gunosyなどの決算資料をぜひ一度見てみてください。

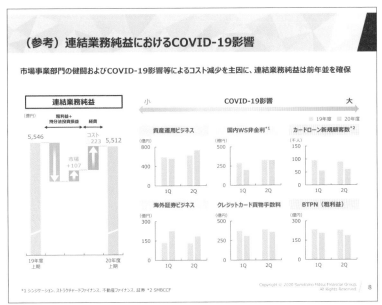

SMBCグループの決算説明会資料

Wantedlyの決算資料

Gunosyの決算資料

引き出しを増やせ！

　スライドデザインに限らず、デザインスキルを上げる上で非常に重要な考え方に、「引き出しを増やす」というものがあります。デザインが上手い人というのはデザインを考える時、「ここは〇〇に似た感じにしようかな」「ここはいつもの□□な感じのまとめ方でいいか」と、過去に手掛けたデザインや事例を思い出しながら今回の内容に当てはめているものです。これは言わば、頭の中の引き出しを開けて、武器を探しているようなもの。そしてこの引き出しが多ければ多いほど、デザインのバリエーションが増え、色々なパターンに適応できるようになります。

　では、引き出しはどうすれば増えるでしょうか？　先ほど述べたように、他社の決算資料など良い事例を眺めるのは良い手です。井の中の蛙には、海の広さを示すスライドは作れません。どんどん事例を見て、素敵なデザインを吸収しましょう。

　しかし、残念ながらインプットだけでは引き出しは増えません。必ず、セットでアウトプットをすることが必要です。つまり、吸収したデザインを自分なりに咀嚼して、自分の手を動かして実際に真似て作ってみるのです。これをしなければ、インプットした事例は右から左へ抜けて終わります。

　これはデザインに限った話ではありません。新しく得た知識は、なんらかの形でアウトプットしましょう。それは友人への説明だったり、SNSでの発信だったり、仕事の進め方だったりしますが、とにかく何らかの形で頭の中から出し、手を・体を動かしてみること、これが、知識を定着させ、引き出しを増やすために非常に重要なのです。

構造を抽出する

　ここからは、いよいよ抽象の世界から具体の世界へと入っていきます。

　デザインのステップ一つ目は、「構造を抽出する」です。「デザインに落とし込む」の工程において、この章が最も難しく、そして重要です。なお、ここでもまだまだ紙とペンを使います。

　さて、皆さんの手元には「メッセージを作る」の工程で作った箇条書きがあるはずです。箇条書きを作る時の仕上げとしてやった時と同じように、この箇条書きだけを見ながら、壁に向かって一人でプレゼンをしてみてください。たとえば、桃太郎パワポにおける「桃太郎の事業がそれ（鬼によるアセット強奪被害）を解決している」というメッセージを言葉で説明すると、このような感じになるはずです。

　「鬼が善良な村民のアセットを強奪するという深刻な問題が発生している状況を受けて、Peach boyは鬼退治事業を展開することでこの問題の解決に努めています。Peach boyの鬼退治事業とは、村から鬼ヶ島へ鬼退治に出向き、鬼を退治して村民から強奪されたアセットを徴収して村民に還元することで、かつての村民の平和な暮らしを実現するというものです」

　言葉による説明だけでも、山川さんが伝えたかったことはある程度伝わりそうですね。もしこれをそのままスライドに書くと、このようになります。

鬼が善良な村民のアセットを強奪するという
深刻な問題が発生している状況を受けて、
Peach boyは鬼退治事業を展開する事で
この問題の解決に努めています。 Peach boyの
鬼退治事業とは、村から鬼ヶ島へ鬼退治に出向き、
鬼を退治して村民から強奪されたアセットを
徴収して村民に還元する事で、かつての村民の
平和な暮らしを実現するという物です。

どうでしょうか。これをしっかり読めば内容は解釈のブレなく確実に理解することができますが、言葉による説明がそっくりそのままスライドに載っているだけなので、これではスライドを作る意味がないですね。こんなスライドを作るくらいなら、山川さんの説明をAIで文字起こしでもすれば済むでしょう。

それに、鬼の悪行の内容をあまりよく知らない動物からすると、この言葉による説明だけでは少しわかりにくいかも知れません。そこで、この言葉≒文字による説明をなるべくビジュアル化してあげて、説明をサポートしてくれるスライドを作っていきましょう。理想は、言葉とスライドとが互いの足りない部分を補い合って、強力にわかりやすくなっているプレゼンです。

その上で考えるべきことは、「メッセージの中にどんな構造が含まれているか」です。

メッセージの内容を、紙の上で構造化してみましょう。構造化と言っても、そんなに難しく考える必要はありません。今回の場合で言えば、まずは登場人物が三人いることがわかります。Peach boy、村民、そして鬼です。まず、この三人を紙の上に書いてみましょう。

Peach boy

鬼　　　　　　　村民

そしてPeach boyが何をするかというと、鬼からアセットを奪い返して、村人たちに返してあげるのでした。このアセット、元はと言えば鬼が村人から奪ってきたものなので、この三人の登場人物の間でサイクルのようにアセットがグルグル回っていることがわかります（なお、この構造を見るとPeach boyが鬼と癒着してわざと強奪させているのではないか……？という憶測ができたりもしますが、ここでは一旦置いておきましょう）。

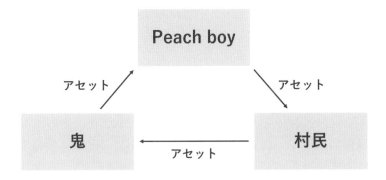

　村民と鬼とは、それぞれ村と鬼ヶ島という遠く離れた場所にいるので、そのことも示してあげるといいかも知れません。

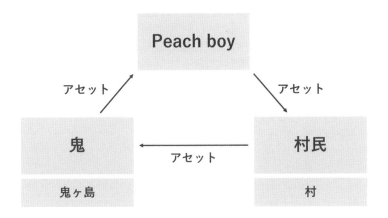

　鬼に奪われたアセットを鬼から奪い返し、村民たちに返してあげるという事業の構造が一目でわかるようになりました。このような内容のスライドを見せながら、先ほどの言葉による説明で補足してあげれば、鬼の悪行を知らない動物たちもすんなり理解してくれることでしょう。

　本書では、このような図形や矢印などを使って物事の関係性や仕組みをビジュアルで示すものを「図解」と呼びます。

もう一つ例を見てみましょう。「（村民の環境破壊によって）餌資源が年々減っている」というスライドを言葉で説明するとどうなるでしょうか。

　「野生動物の皆様は、野山で果実・昆虫・小動物といったものを採集して召し上がっていますよね。しかし村民の環境破壊によってこうした餌リソースは急激に減少しており、皆様は深刻な餌不足に陥っているのではないでしょうか。果実はこの8年で60kg/㎢から13 kg/㎢に、昆虫は30 kg/㎢から6 kg/㎢に、小動物は20 kg/㎢から3 kg/㎢にまで減ってしまっています。」

　これも、試しにスライドにそのまま書いてみましょう。

> **野生動物の皆様は、野山で果実・昆虫・小動物といったものを採集して普段のお食事とされていることと思います。しかし村民の環境破壊によってこうした餌リソースは急激に減少しており、皆様は深刻な餌不足に陥っているかと思います。果実はこの8年で60kg/㎢から13 kg/㎢に、昆虫は30 kg/㎢から6 kg/㎢に、小動物は20 kg/㎢から3 kg/㎢にまで減ってしまっています。**

　こちらも、しっかり読めば誤解なく意図が伝わりますが、内容を読み取るのには少々時間がかかりますね。それに、それぞれの餌リソースがこの8年でどのような推移でこの数字にまで落ち込んでしまったのか、この文章からだけでは読み取れません。そこで、このメッセージも構造を抽出してビジュアルで示すことに取り組んでみます。

　伝えたいことは要するに「餌が減っている」ということですが、餌の量は何らかの数字で示すことができるはずです。このような数字を持ったメッセージをビジュアル化する時に便利なのが、グラフです。

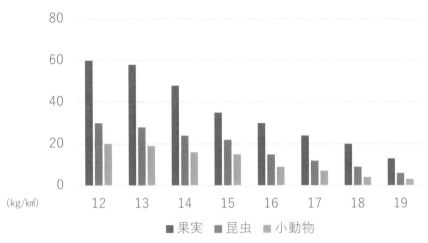

年別・餌種別1平方キロメートル当たり平均収穫量

■ 果実　■ 昆虫　■ 小動物

　このように棒の長さで数字の大きさを示してあげることで、ぱっと見でわかりやすいメッセージになりました。

　ここで行ったのは、情報を伝える記号を「文字」から「長さ」に変えた、ということです。たとえば「60」と「13」はどちらも2文字の情報であり、意味を読み取らなければ大小はわかりませんが、棒グラフによって長さで示すと、万国共通で誰が見ても60のほうが13よりもかなり（5倍ほど）大きいことがわかります。きっと原始人が見ても理解できることでしょう。

具体的な数字を元に、長さや大きさ、位置、角度などによって情報を示す手法を本書では「グラフ」と呼びます。グラフを図解の一種と捉えることもありますが、本書では「数字を元に作成されること」をグラフの条件としています。パワポで作るのが図解、Excelで作るのがグラフと思っていただければOKです。

　構造を抽出するこの工程で主に行うことは、箇条書きのメッセージを図解またはグラフによって説明できないか検討し、どのように見せるかを大まかに紙の上で検討するということです。なお、何でもかんでも全てを図解やグラフで表せるわけではなく、目的や工数を踏まえて、文字で示したほうがいい場合も多く存在することに留意してください。

　ではここから、図解とグラフによる見せ方にはどのようなパターンがあるのかを見ていきましょう。

【 図 解 】

　図解には、マトリクス、フローチャート、ベン図、ピラミッドなどの種類があります。しかしここではあえて典型的なパターンからではなく、もっと俯瞰した視点から図解を捉えてみます。そのほうが、色々な場面に応用が利くと考えているからです。

　図解とは、以下の3要素によってメッセージを示すものだということができます。

①位置関係
②流れ
③大きさ

　たとえば、ただ単に「二つの要素がある」ということを、並列した二つの図形で表現してあげるのも一種の図解です。これは、複数の情報を並列（序列や順番を持たない、横並びである）という①位置関係によって整理して示してあげていると言えます。

　もしごはんとおやつとの間に時系列の順番があるなら、矢印を使って示してあげましょう。これは②流れの表現です。

　ごはんとおやつとの間でモノのやりとりがあるなら、矢印と文字で示してもいいでしょう。これも②流れの表現です。

　もしごはんとおやつの種類数にかなり差があるということを言いたいのであれば、図形の大きさに差をつけて示してあげましょう。③大きさの表現です。

もしごはんとおやつとが一部重なっているなら、二つの図形を重ねてみてもいいですね。③大きさに、重なり合いという①位置関係を加えたことになります。これはすなわち、包含関係や要素の重なり合いを示す「ベン図」です。

ごはんの方が種類が多く
蒸しパンは両方に含まれます

　いつの間にか、よく見知った図解のパターンが出てきました。このように、あらゆる図解は位置関係・流れ・大きさの3要素によって構成されています。

　もう少し図解のパターンがどんな要素で構成されているかを見ておきましょう。「甘さ」「おいしさ」という二つの軸によって整理することもできます。「マトリクス」と呼ばれる図解です（①位置関係）。

おやつはごはんよりも
甘くておいしいです

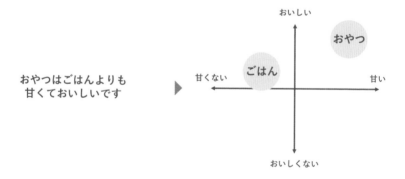

流れの要素を増やせば「フローチャート」になります（①位置関係+②流れ）。

始点と終点をつなげてグルグル回せば「サイクル図」です（①位置関係+②流れ）。

　もし会社がごはん派とおやつ派に二分されており、数が少ないおやつ派のほうが立場が上ならば、左右ではなく上下に並べてあげるとわかりやすいでしょう。図形を円から三角形に変えれば、「ピラミッド」になります（①位置関係+③大きさ）。

**人数の少ないおやつ派が
実権を握っています**　▶

おやつ
ごはん

そもそもおやつはごはんに含まれるものであり、おやつ以外にもごはんの要素がたくさんあるとしたら、ごはんの横に複数の要素を並べて示してもいいでしょう。「ツリー図」と呼ばれる図解のパターンです（①位置関係）。

おやつ、非常食、つまみ食いは
ごはんに属しています　▶

ごはん ── おやつ
　　　 ── 非常食
　　　 ── つまみ
　　　　　食い

　このように、図解の本質は常にシンプルです。伝えたいメッセージに、位置関係・流れ・大きさの3要素がどのように含まれているのかを考えることが、わかりやすい図解を作るための第一歩。難しく考えず、シンプルにいきましょう。

矢印は脇役

　図解を作る時に活躍する図形の一つが矢印です。矢印は非常に便利な図形ですが、使う際に注意すべきことがあります。それは、「矢印は脇役」だということです。たとえば次の図解を見てみましょう。

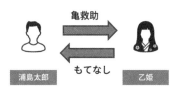

　浦島太郎と乙姫という二人の登場人物の間で亀救助ともてなしというモノがやりとりされているという図解です。これは少々大げさに表現していますが、私たちはついついこのように矢印を大きく描いてしまいがちです。
　ここで、この図解における「主役が誰か」を考えてみましょう。この図解で言いたいことは「二人の登場人物の間でモノのやりとりが発生している」ということであり、矢印は「モノが動いている」という情報を示すための図形でしかありません。すなわち、脇役なのです。ドラマでも舞台でも、脇役が出しゃばると観客は幻滅するもの。脇役の矢印には自分の役割だけ果たして、存在感を弱めてもらいましょう。
　具体的には、色を薄いグレーにし、細い線で示してあげます。

　すると、主役のメッセージが前面に出たわかりやすい図解を作ることができます。

【グラフ】

　続いて、グラフによるビジュアル化について考えていきます。

　先ほども述べたように、グラフは数字を元に作成されているという違いはありますが、図解の一種です。そのため、基本的には図解と同じ3要素によって考えることができます。

　たとえば、最も基本的なグラフである棒グラフは、①位置関係と③大きさによって要素同士の大小関係を比べる図解であると言うことができます。図形の長さ（＝大きさ）がそのまま数字を表しているので、直感的にわかりやすいグラフです。

　もし要素が複数あったら、並べて同時に示すことも可能です（集合縦棒）。

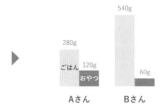

ごはんとおやつの合計の数字が重要なのであれば、上に積んで示すのもアリです（積み上げ棒グラフ）。

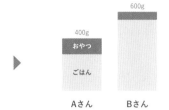

- ✓ Aさんはごはんとおやつ合計で400g食べます
- ✓ Bさんはごはんとおやつ合計で600g食べます

　それぞれが食べる量の中でごはんがどのくらいあるのかが重要なら、積み上げた合計の長さを揃えてあげてもいいでしょう（100%積み上げ棒グラフ）。

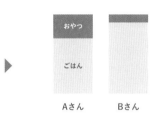

- ✓ Aさんが食べる中のごはんの割合は70%です
- ✓ Bさんが食べる中のごはんの割合は90%です

　以上が、最も基本的なグラフである棒グラフに関する考え方です。何を示したいかをはっきりさせて、適切なものを選ぶようにしてください。

　もう一つの基本的なグラフとして、折れ線グラフがあります。
　棒グラフが③大きさで数字を示すのに対して、折れ線グラフは軸に対する①位置関係で数字を示します。

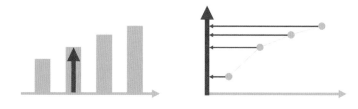

「率（＝割合）」を示したい時は、相対的な位置で数字を示す折れ線グラフが便利です。

**Aさんが食べる中のごはんの
割合は上昇傾向にあります**

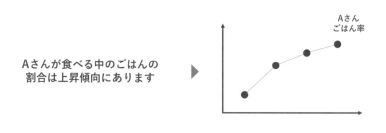

「量は棒、率は折れ線」はグラフで数字を表す時の基本的なお作法です。三つ以上の項目の推移を表したい場合に「量」を折れ線グラフで示す、非連続的な項目の「率」を棒グラフで表すなど、状況によっては例外もありますが、基本的には上記のお作法を守ったほうがわかりやすいグラフが作れるでしょう。

※「量」を折れ線グラフで示す例（項目数が多い。棒グラフでもよいが、時系列の変化は折れ線グラフのほうがわかりやすい場合がある）

**ごはんを食べる量はBさん上昇傾向、
Aさん安定、Cさん低下傾向**

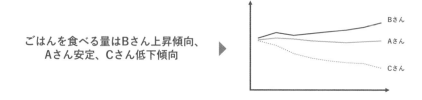

※「率」を棒グラフで示す例（項目が非連続。AさんとBさんとCさんの数字との間に関係がないので、線でつないでしまうと違和感が生じる）

ごはん率はAさん70%、Bさん90%
Cさん40%です

なお、グラフのメッセージを強調するために、基準をゼロではなく任意の数字に変更する場合がありますが、この手法を使っていいのは折れ線グラフだけです。折れ線グラフは軸に対する相対的な位置で数字を示していますが、棒グラフは絶対的な大きさで数字を示しているため、基準を変えると完全な"嘘"になってしまうからです。

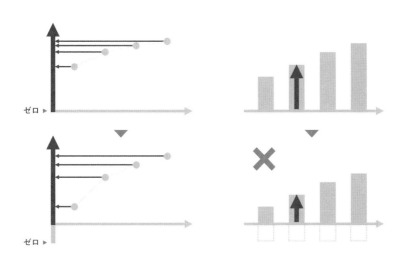

もう一つ、使用頻度が高いグラフに円グラフがあります。円グラフは、大きさではなく角度によって数字を示すグラフです。見た目がキャッチーなのでデザイン的にはおもしろいですが、人間の目は長さは正確に把握できても、角度は細かく把握できないようにできています。一つの項目が全体に占める割合を端的に示したい時は使っ

てもよいですが、項目が多い時やビフォーアフターを示したい時に円グラフを使うことはやめましょう。

Q.一番小さいのは？

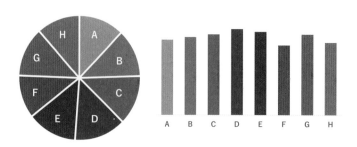

　他にも面グラフや散布図、レーダーチャートといった様々なグラフがありますが、一般的にほとんどの内容は棒グラフと折れ線グラフ、もしくはその組み合わせで示せます。特殊なグラフを使うのはどうしても必要な時のみにしましょう。

　さて、以上のような考え方で、「メッセージの中にどんな構造が含まれているか」を紙の上に整理することができたでしょうか。

　ここが最も難しく、楽しい工程です。先人のお手本を見ながら、ガシガシ紙の上に考えを表現してみましょう。

グラフの展覧会を開催するな！

　豊富なデータを元にして作成されたスライドは、しばしば「グラフの展覧会」になります。これは、メッセージを持たないグラフだけが淡々と載せられているスライドのことです。こうしたグラフの展覧会を見せられると、聴き手は「……うん、だから何？？」と思ってしまいます。

　数字は、それ単体ではただの数字でしかありません。解釈が加わってはじめてメッセージになり、意味を持った情報になります。たとえば「私が栽培したりんごの糖度は25です」と言われても、ほとんどの人は「ふーん」としか思わないでしょう。これは、25という数字がどんな意味を持っているかがわからないからです。しかし「最新の技術でほとんど水を与えずに栽培した私のりんごの糖度は25です。これは一般的なりんごの約2倍であり、驚異的な甘さです」と言われると、りんご好きであればきっと「それはすごい！ぜひ一つ買いたい！」となるはずです。

　数字に限らず、何らかの事実を見せる時には「どうして？(why so)」＝「なぜその事実が生まれたのか」と「だから何なの？(so what)」＝「その事実をどう解釈すればいいのか」が非常に重要です。グラフの展覧会には、この二つが欠落しています。いわば、「糖度25のりんご」を説明もなく並べ立てているだけ。聴き手は何の魅力も感じないので納得できず、行動にも移してもらえないことでしょう。

　ただし中には、解釈には個人の主観が入るため、嘘をつかない数字だけを並べて見せてくれればいいという人もいます。これはこれで一つの答えですが、聴き手にグラフを読み取って解釈するという一定の負担を要求することになります。「秒で伝わる」資料を作りたいなら、必ずメッセージを付記するようにしましょう。

2　アウトラインを作る

デザインのステップ二つ目は、「アウトラインを作る」です。メッセージ作成でさんざん活躍してもらった紙とペンですが、ここでもまだ紙とペンを使います。パソコンを開くのはもう少しだけ待ってください。

このステップのゴールは、「それさえ見れば思考停止でスライドが作れるような紙の設計図を作る」です。パワポはあくまでもビジュアライゼーションツールであり、考える道具ではありません。紙とパワポを行ったり来たりする時間は無駄な時間です。スライドのレイアウトも含めて、なるべく紙とペンで考え切ってしまうことが重要です（なかなか難しいことではありますが…）。

まず、メッセージ作成の工程で作った箇条書きを見てみましょう。この箇条書きの一行一行がメッセージであり、基本的にはそれぞれが1枚のスライドになっていきます。これを元に、紙の上にスライドの設計図を描いていきましょう。ここで押さえるべきポイントは三つあります。

一つ目は、スライドの上部にメッセージをバシッと書くこと。すなわち、「要するにそのスライドでは何が言いたいのか」を一番目立つところに示してあげるということです。文字はビジュアルの記号ではありませんが、見る人によって解釈がぶれない、正確な情報伝達ができる記号でもあります。スライドにきちんと文字でメッセージを書きこむことで、言いたいことをブレずにはっきりと示すことができます。

また、特にWEB会議では、聴き手もなかなか集中力が続きにくいもの。会議中でも、ついつい聴いているフリをしてAmazonなどを眺めてしまうのが世の常です。そういった集中しにくい環境下では、特定の決まった場所にメッセージを書き入れてあげると、聴き手にとっては「そこだけ見ておけばとりあえず内容が追える」という非常にありがたいスライドになります（会議中にAmazonを眺めるのはやめましょう）。

メッセージをバシッと書いたら、その下に図解やグラフを載せてメッセージをサポートします。「メッセージが先、その説明をするのが図解・グラフ」という主従関係を常に意識するようにしてください。

二つ目は、Zの法則を意識すること。人間は、横書きのものを見る際は無意識にアルファベットのZを描くように左上→右上→左下→右下へと視線を動かします。そのため、この流れに沿って要素が順番に配置されていると、聴き手は違和感なく流れを把握することができます。ちなみに縦書きの場合は逆N字です。

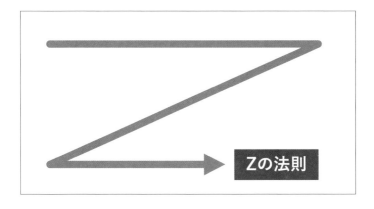

三つ目は、スライドの目的に合わせて、載せる情報の量を考えるということです。

　私は、世の中には大きく分けて3種類のスライドがあると考えています。

　1種類目は「スティーブ・ジョブズ」と呼んでいる“見せる”スライド。Appleの新製品発表のプレゼンでかつてスティーブ・ジョブズが使っていたスライドは、写真や短いコピーが主で、スライド1枚あたりに載っている情報の量はかなり少ないですよね。こうしたスライドは、口頭で補足することを前提として作られた、いわばプレゼンのためのスライドです。

　2種類目はその真逆、「講義のレジュメ」と呼んでいる“読ませる”スライドです。大学の教授が講義で使用するスライドは、細かい文字が多く、スライド1枚あたりの情報の量はかなり多くなっていることが多いのではないでしょうか。こうしたスライドは、大きな会場でプレゼンをするために使うのにはあまり向きませんが、講義を欠席した学生もレジュメさえ読めばある程度内容が追えるという利点があります。プレゼンというよりは、記録・資料として作成されたスライドと言えるでしょう。

　そして、本書で紹介している「桃太郎パワポ」は、これらの2種類のスライドの中間を意識して作成しています。私たちは忙しい生き物ですから、これはプレゼン用、これは記録・資料用と、いちいち作り分けている時間はなかなか取れません。そこで、どちらの用途にも堪える「ちょうどいい」スライドを目指して作成しているのです。説明会に参加できなかった野生動物も、資料さえ見ればおおむね内容がつかめます。

　スライド1枚あたりの情報の量は、常に目的や状況に応じて変えるべきものであり、絶対の正解はありません。同じメッセージを伝えるにも、スライドを10枚使ってドラマチックに説明したほうがいいこともあれば、1枚にビッシリまとめてカッチリと説明したほうがいい場合もあるでしょう。時には、先ほど整理した箇条書きのメッセージを複数個、1枚のスライドにまとめて示したほうがいいこともあるかも知れません。

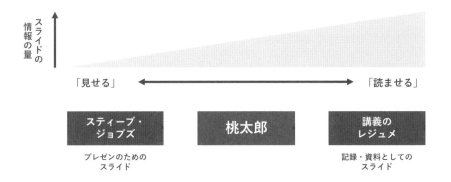

目的に応じてスライドに載せる情報の量を決める

スライドの情報の量

「見せる」 ←——————————————→ 「読ませる」

スティーブ・ジョブズ

桃太郎

講義のレジュメ

プレゼンのためのスライド

記録・資料としてのスライド

　ここで大切なことは、自分の目的は何なのか、どんなスライドを作るべきなのかを考えるということ。目的に応じて、適切な量の情報をアウトラインに載せていきましょう。

　以上を踏まえて、実際に手を動かしていきます。まずは、紙の上にスライドの代わりになる四角形を描きましょう。一つ一つ四角形を描いてもいいですし、コピー用紙を16等分しても構いません。

　次に、メッセージを各スライドの上部に一つずつ書き入れていきます。そして、そのメッセージを説明するために必要な図解やグラフをスライドに配置します。たとえば桃太郎パワポの場合は、このようなアウトラインを作っていました。

例① 鬼による金銀財宝の強奪が問題になっているというメッセージをバシッと書き入れます。そして、具体的に誰が誰から何を奪っているのかを、簡単な図解で示しています。メッセージを読んで、鬼→金銀財宝→村民と目を動かすと、ちょうどZを描くような視線の動きになることに注意してください。

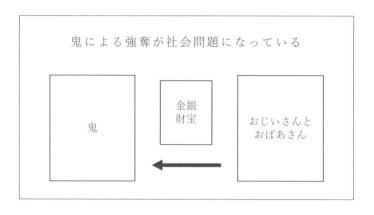

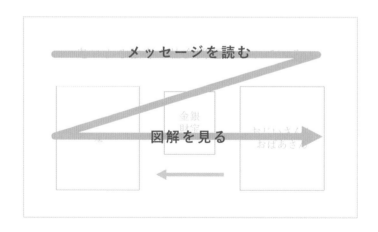

例② 餌資源が年々減っているというメッセージを伝えるためには、実際の数字を示したほうが説得力が増すと考え、グラフで示すことにしました。メッセージを書き入れた上で、動物たちのアイコンと共に「餌不足」という文字を大きく載せて注目を集めています。

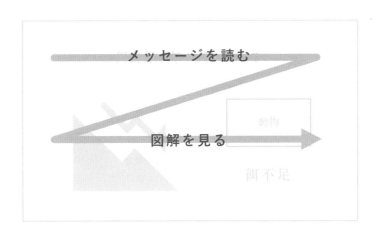

例③　動物たちの生活のあり方が変わるというメッセージを伝えるために、「今まではこう。でも、これからはこう」という説明をしています。このスライドでは、Zを2回描くような視線の動きになっています。

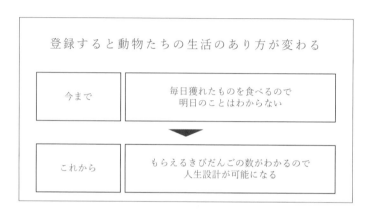

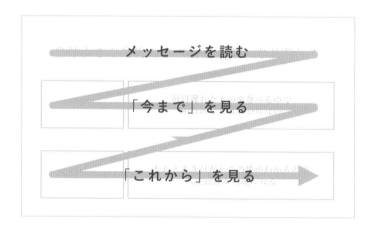

アウトラインはあくまでもメモ書きですから、神経質になって美しく書く必要はありません。自分が読めさえすれば、ミミズが這ったような字でもOKです。ポイントは、「それさえ見れば思考停止でスライドが作れるような紙の設計図を作る」ということ。ここでどれだけ考え切っておけるかが、手早く良いスライドを作れるかどうかの分かれ目です。

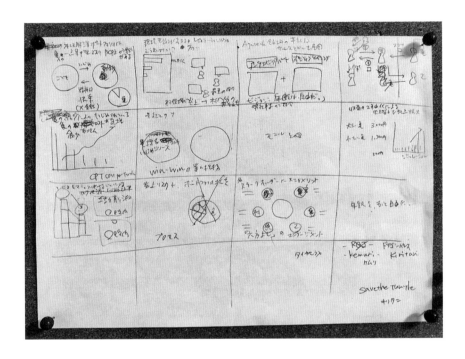

　ちなみにこれは、私が浦島太郎のパワポ（後出）を作った時に描いたアウトラインです。曖昧な部分が残っていたり、右下でぐちゃぐちゃと別のことを考えていたりとあまりきれいな例ではありません。このような汚いアウトラインだと、パワポを触り始めてからまた紙に戻ってくるという無駄な往復が発生してしまうので、なるべく紙とペンで完成させておくことを目指しましょう……。

　ここまでやって、ようやく紙とペンの役割が終わります。ありがとう、紙とペン。

3 スライドに清書する

三つ目のステップは、「スライドに清書する」こと。このステップではじめてパワポを立ち上げます。

まずは、何よりも先にメッセージを書き入れてしまいましょう。なぜなら、先に図解やグラフを作り始めてしまうと、「この図も入れておこうかな……」「このデータもせっかく分析したから一応入れておこう」といったように、ついついメッセージに関係ない要素を入れたくなってしまうから。先にメッセージを書き、あくまでもそれを説明するために必要な要素を差し込むという意識でスライド作成を進めれば、こうした間違いを防ぐことができます。

メッセージを書き入れたら、アウトラインを見ながら図解とグラフを差し込んでいきます。設計図は紙の上に完成しているはずなので、基本的にはそれを見ながらスライド上に図形やテキストボックス、グラフを配置していくだけです。細かい調整や装飾は後でOK。一旦、「文字とビジュアルで語り切る」ことを意識して、必要な要素をスライドの上に載せていきましょう。

なお、以降の節ではPowerPointの具体的な操作方法を含む解説をしていきます。ここまでの内容は全てPowerPointに限らずKeynoteやGoogleスライド、Canvaなどあらゆるプレゼンテーションソフトに共通して言える内容でしたが、以降の内容は一部PowerPointに限定される内容を含みます。とは言え、他のソフトをお使いの方も考え方は参考になるかと思いますので、ぜひそのまま読み進めていただければ幸いです。

1スライド1メッセージなんてムリ!?

「良いスライドを作るには、1スライド1メッセージを守りましょう!」

　これは、スライド作成のノウハウに関する記事や書籍に必ずと言っていいほど書いてあることです。しかし、こういった記述を見ると、中にはこのように思う方もいらっしゃるのではないでしょうか。「1スライド1メッセージって言ったって、こっちはスライドにバンバン情報を詰め込まないといけないんだよ!」と。そう、いわゆる「ポンチ絵」と呼ばれるスライドや、データの正確性と客観的な解釈が求められる研究開発系のスライドでは、1枚のスライドに非常に多くの情報を詰め込まざるを得ないことがあります。何度も言うように、スライドを作ることは目的ではなく、あくまでも手段。相手に納得&行動をしてもらうという目的を達成するためにスライドに情報を詰め込む必要があるならば、そうしたほうがよいでしょう。では、「1スライド1メッセージ」の原則は時として破られうるということでしょうか?

　私はそうは考えていません。情報を詰め込むとしても、必ずそのスライドには「要するに」が存在するはずです。逆に言えば、いくら詰め込む必要があるとは言え、「要するに」でまとめられない内容は同じスライドに載せるべきではありません。

　桃太郎パワポを例に考えてみましょう。たとえば、P12の「柴刈りを筆頭とした村民の開発によって野山の破壊が進行している」(本書13ページ下段)というメッセージを持ったスライドと、P13の「非持続的な開発によって野山の餌リソースは急速にシュリンク」(本書14ページ上段)というメッセージを持ったスライドは、次のページのスライドのように、まとめてしまうことが可能です。

　これは、二つのスライドがいずれも「餌不足」という結論に向かっていくスライドだったので、「村民の開発によって野山の破壊が進行し、餌不足問題が顕在化している」というメッセージによって「要するに」をひとことで言い切ることができたためです。

村民の開発によって野山の破壊が進行し、餌不足問題が顕在化している

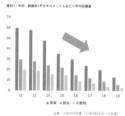

しかし、たとえば「高品質・低価格の KD 生産体制を構築」のスライドと、「シナジー創出」のスライドではどうでしょうか。それぞれのスライドが向かっていく方向が異なるため、一つのスライドで表すことは少々難しくなります。

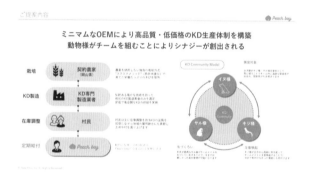

上に示したように、レイアウトを工夫すれば詰め込めなくはないものの、全体のストーリーとしてはやや唐突に違う話が始まったような印象を与えます。

時と場合によってはスライドに情報を詰め込むことも必要ですが、必ず同じ方向に向かっている要素を詰め込んで、スライド全体の「要するに」が示せるように意識するとよいでしょう。

4 ノイズを減らす

　ここまでで、メッセージとそれを説明する図解やグラフが載った、スライドの土台が完成しました。ここからは、三つのアプローチからノイズを減らすことで、スライドの「ビジュアルで示せる」という強みを研ぎ澄まし、「秒で伝わる」スライドへと近付けていきましょう。ノイズの減らし方は、大きく「削る」「揃える」「空ける」の三つがあります。順番に解説していきます（「揃える」は123ページから、「空ける」は138ページから）。

 削る

　ノイズを減らす時の最も基本的なアプローチがこの「削る」です。メッセージを伝える上で必要ない要素は遠慮なくバシバシ削っていきましょう。

メッセージを削る

　最初に削るものは、メッセージです。「要するに」何が言いたいのかを明確に定義し、1スライド1メッセージの大原則を守りましょう。私たちはついついスライドに色々な要素を盛りだくさんにしてしまいがちですが、伝わりやすいスライドを作るためには、それぞれのスライドにシンプルにひとことで言い切れる「要するに」を持たせるべきです。そもそも、ここまでの工程をきちんと踏襲していれば、1枚のスライドには一つしかメッセージがないはず。色々と載せたくなる気持ちをグッとこらえて、シンプルにメッセージを研ぎ澄ませていきましょう。

色を削る

　次に色を削りましょう。スライドデザインが苦手な人ほど、ついつい色をたくさん使ってしまうもの。そこをグッとこらえて、本当に目立たせたいところだけに色を使うようにしていきましょう。スライドの上に置かれた色は、全て意味を持っているべきです。意味を持たないただの色分けは、聴き手にとってのノイズをいたずらに増やすだけです。

色分けする必要があるのか？

ただの並列ならこれでOK

うまく使えば重要な部分を際立たせてくれますが、濫用するとどこを見たらいいか
わからなくなる諸刃の剣。それが色という道具なのです。

　スライドの色を考えていくにあたっては、まずスライド全体におけるコンセプトカラー
を1色決めましょう。会社のコーポレートカラーがあるならそれでもいいですし、自分
の好きな色でも構いません。この際、原色に近い色や蛍光色を使うと見づらくなり、
聴き手の負担になってしまうので、少しだけ彩度の低い落ち着いた色にすることをお
すすめします。

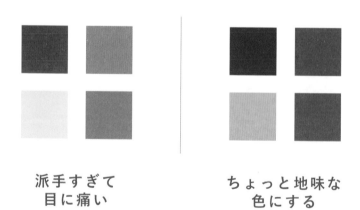

**派手すぎて
目に痛い**

**ちょっと地味な
色にする**

コンセプトカラーを1色決めたら、その色の明度を上げた（白っぽくした）色をいくつか作っておきましょう。その色を選択した状態で、「図形の塗りつぶし」などから「塗りつぶしの色」を選択し、パレットの右側に表示されているバーの上の方をクリックすると、明度を上げた色が作れます。

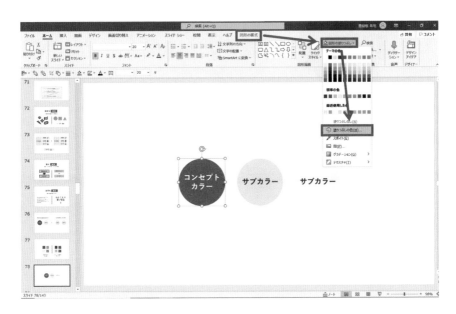

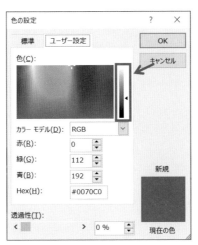

このようにスライドの中で一つの色から明度の調整だけで作った色を使うと、全体として調和がとれた美しい印象になります。3色ほど作っておくとよいでしょう。

「最近使用した色」から持ってきてもいいですし、「スポイト」で拾ってきてもOKです。

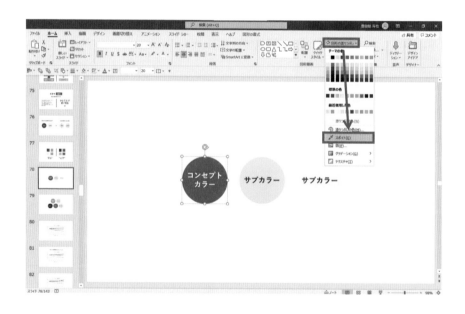

以上の手順でコンセプトカラーとそこから派生するサブカラーを作ったら、原則これらの色と数種類のグレーだけでスライドを構成してみましょう。

5色だけしか使っちゃダメ、と言われたら、縛りがキツすぎて全然うまくデザインできないんじゃないか……そんな感じがするかも知れません。しかし、たとえば桃太郎パワポで使用している色は、基本的に以下の5色だけです。

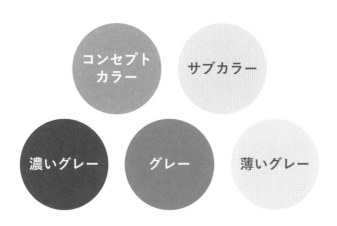

　それでも、桃太郎パワポは非常に多彩な表現を使ってメッセージを魅力的に伝えることができています。5色は優れたスライドを作るためには十分すぎるほどバラエティ豊かなカラーバリエーションです（コンセプトカラーと補色の関係にあたるベースカラーを使用する場合もありますが、慣れていないうちはこの形で色を制限することをおすすめします）。

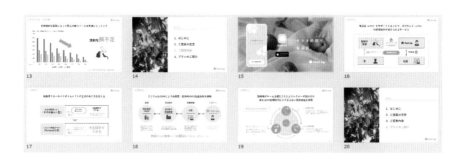

基本的な考え方は、「見てほしいところに色をつかい、後はグレーにする」です。たとえば、桃太郎パワポのP18（本書16ページ下段）を考えてみましょう。

登場人物は契約農家、製造業者、村民、Peach boyの4種類ですが、4種類の登場人物がいるからといって、それぞれを違う色で塗り分ける必要はありません。

このスライドの主人公はあくまでも発表者である山川さん、ひいてはPeach boyであり、それ以外の登場人物は「一気通貫のバリューチェーン」の一つの要素、すなわち脇役です。Peach boyにKDが向かってくる時の流れを「Peach boyとそれ以外」という二項対立で示したいだけなので、色をつけるのはPeach boyだけでよいのです。

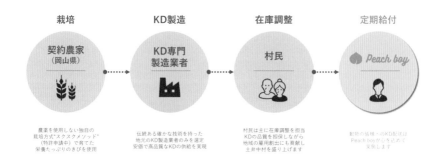

もしこのスライドで言いたいことが「村民は在庫調整のみを行っている」というただ一点のみだったとしたら、村民だけに色をつけてもいいでしょう。

栽培　　　　　　KD製造　　　　　在庫調整　　　　　定期給付

契約農家（岡山県）　　　　KD専門製造業者　　　　村民　　　　　Peach boy

農薬を使用しない独自の栽培方式"スクスクメソッド"（特許申請中）で育てた栄養たっぷりのきびを使用　　　　伝統ある確かな技術を持った地元のKD製造業者のみを選定安価で高品質なKDの供給を実現　　　　村民は主に在庫調整を担当KDの品質を担保しながら地域の雇用創出にも貢献しお互いさまを盛り上げます　　　　動物の皆様へのKD配送はPeach boyが心を込めて実施します

目的や文脈、好みによってどこに色をつけるかは変わりますが、「見てほしいところに色をつかい、後はグレーにする」という考え方は変わりません。

この考え方は、グラフの作成においても非常に重要になります。

Excelのデフォルトの色使いだと、青やオレンジ、グレーなどといった色が採用されますが、下のグラフを見ていただくとわかるように、このままだと目が泳いでしまい、このグラフで何を伝えたいのかがよくわかりません。

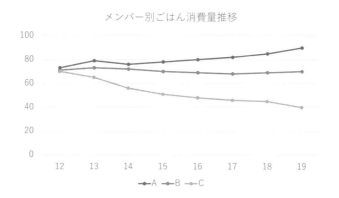

メンバー別ごはん消費量推移

そこで、まず一度全体をグレーにしてみましょう。グラフを選択して、「グラフのデザイン」⇒「色の変更」でモノクロにします。

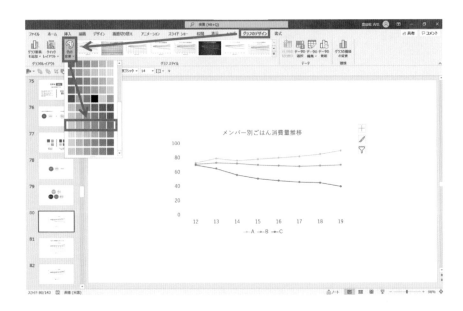

そして、グラフの目立たせたい部分を一度だけクリックして選択された状態にしてから、図形・枠線の塗りつぶしで色を変えます。

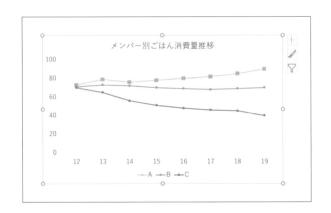

すると、重要な要素（ここで言うＡさんの構成比）だけが目立ち、言いたいことがぱっと伝わりやすいグラフを作ることができます。

Ａさんの消費量が上がっている

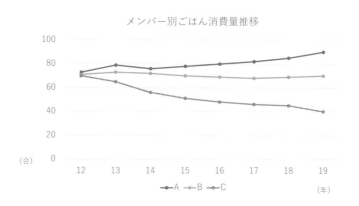

メンバー別ごはん消費量推移

データを解釈し、意味を付与して相手にわかりやすく伝えたい時は、このようなひと工夫が非常に重要になります。意図的にデータを加工して相手を誤解させるようなグラフを作ってはダメですが、何が言いたいのかよくわからないグラフも同じくらいダメです。

　相手に解釈させるということは、相手の時間を奪うということ。データの解釈が求められている場においては、自分が考えた解釈をきちんとスライド上に表現するようにしましょう。

　さて、ここまで色の削り方に関して述べてきましたが、究極の理想は「そもそも色に頼らない」ということです。色に頼る前に、このスライドはモノクロで印刷しても言いたいところが伝わるか、大きさやレイアウトなどで表現できないかを一度考えてみる癖を付けるとよいでしょう。

例：マーカーの大きさで目立たせる

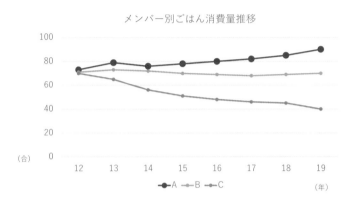

例：点線にして目立たなくする

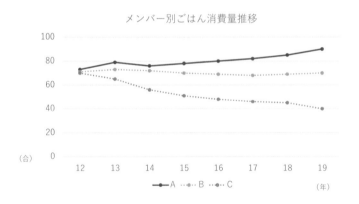

凡例なんかいらない！

　グラフは何かとスライド作成において悩みの種になりがちな要素です。ここでは、色ではないもう一つ別の観点からグラフに関するポイントを紹介します。それは、「凡例なんかいらない」ということです。

　……そんなことしたら、どれがどれだかわからなくなっちゃうじゃん！と思われるかも知れませんが、ご安心ください。ここで言う凡例というのは、Excelで作成したグラフが自動で生成してくれる凡例のことです。

　どうするかというと、パワポ上で凡例の代わりのテキストを自分で作って入れてしまうのです。

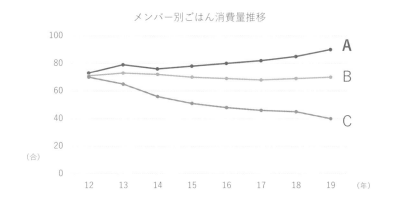

　そもそも凡例というのはなかなか難儀なものです。グラフを見て、「あれ、これがどれだっけ？」と思って凡例を見て、またグラフを見ていたら「あれ、これはどれだっけ？」と思ってまた凡例を見る……。そのような視線の行ったり来たりは、聴き手にとって面倒なもの。であれば、視線を動かさなくてもすぐわかるように、グラフのすぐ横に書いてしまいましょう。文字色もグラフの色に合わせるとよりわかりやすくなります。

　次に削るものは図形です。パワポには実に様々な図形が搭載されているので、ついつい色々な図形を使いたくなってしまいますが、ほとんどの場合スライドに必要なのは円、四角形、三角形と数種類の矢印だけです。これらを上手く組み合わせることで、ほとんどのスライドは十分作れます。ギザギザの図形やリボンのような図形など、複雑な形状の要素をスライドに配置すると、必要以上に目立って目を引いてしまいます。

　同じ理由で、グラデーションや影をつけることもあまりおすすめしません。まずはシンプルな要素だけで作り切ってみましょう。細かい装飾をするのはその後からで大丈夫です。

<line を削る

　次に削るのは、線です。

　図形の周囲の線、文字の下に引く線、グラフの罫線……こうした線も不要な要素になります。

線を 削る

線もノイズになる。とことん削る

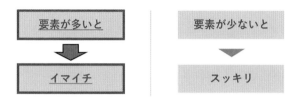

この例では、「上の四角形から下の四角形へ」という情報さえ伝わればいいので、形の複雑な矢印を使わなくても、ただの三角形で十分伝わります。「その線は必要か?」を常に考え、あえて線を付ける理由がないなら消してしまいましょう。

なお、図形は基本的に「塗るだけ」「線だけ」のどちらかにするのがおすすめです。

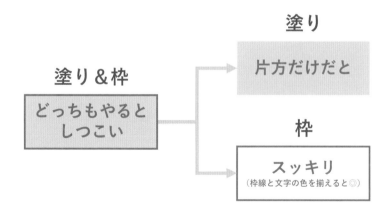

角丸限界四角形

　皆さんは、パワポで角丸四角形を使うでしょうか。四角形だけど角が丸くて、どこか柔らかいような印象を与えるアレです。

　角丸四角形にはデメリットがあります。それは、サイズを変えると角の丸みが変わってしまうこと。中途半端に角が丸まった角丸四角形はあまりカッコよくないのですが、いちいち直すのも面倒なため、私はこういった図解をする時には角丸四角形を使いません。

　一方で私がよく使うのは、「角丸限界四角形」です。これは、角丸四角形の角を限界まで丸くしたもののこと。

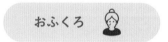

　丸みはすでに限界に達しているので、サイズを変更しても形が変わりません。円を使うほどじゃないんだけど、四角形ってのもなんだか味気ないなあ……という時に非常に便利です。お試しあれ。

　最後に削るのは文字です。「構造を抽出する」の節で、文字はビジュアルの強み
を活かせないので図解やグラフで示しましょうという話を繰り返してきました。これは
これで正しいのですが、同時に文字は非常に強力な武器でもあります。また、時に
は図解やグラフをいちいち細部まで作りこんでいる時間がない場合もあるでしょう。そ
ういった場合に、適切に文字を操り、スライドの上にわかりやすく表現することはきわ
めて重要なスキルになってきます。しかし残念ながら、こうした文字の扱い方はスライ
ド作成において往々にして軽視されがちです。そのため、ここでは単に「削る」だけ
でなく、見せ方のコツも含めて少々厚めに述べていきます。

　まず前提として、スライドの上に書く文字は「読ませる」つもりで書いてはいけませ
ん。「見せる」つもりで書きましょう。言葉を削る際に私が意識しているのは、「脳に
言葉の錨（いかり）を下ろす」というイメージです。船を係留（けいりゅう）する時に海底に下ろす錨のように、
聴き手の頭の中にバシッと残るひとことをまずスライドの上に載せ、不足する情報は
図解や口頭で補足してあげましょう。いちいち頭を使って咀嚼しなくても、一瞬で脳
にぶっ刺さってくるような文字が理想です。小説のような長い文章を書いてしまって
は、パワポの強みが死んでしまいます。

文字を　**削る**

脳に言葉の錨を下ろす

あまり文章を長く書きすぎると一目で言いたいことが伝わりづらくなってしまうため、体言止めや言い換えをうまく使ってなるべく少ない文字数で言い表すことが非常に重要	ひとことで 言い切る ⚓

　「言葉の錨」を意識するのは、これがないと聴き手の頭に結局何も残らないからで
す。私たちはあまりたくさんの情報を一度に処理できませんが、頭にひっかかる言葉

が一つあるとそこを頼りに内容を思い出すことができるはずです。

　具体例で考えてみましょう。「構造を抽出する」の節で見た、Peach boyの事業に関する説明の文章を見てみます。

<blockquote>
鬼が善良な村民のアセットを強奪するという
深刻な問題が発生している状況を受けて、
Peach boyは鬼退治事業を展開する事で
この問題の解決に努めています。 Peach boyの
鬼退治事業とは、村から鬼ヶ島へ鬼退治に出向き、
鬼を退治して村民から強奪されたアセットを
徴収して村民に還元する事で、かつての村民の
平和な暮らしを実現するという物です。
</blockquote>

　この文章は、話し言葉としては（やや冗長ですが）そこまで悪くないでしょう。ビジネスモデルを示すスライドのサポートがあれば、この説明で十分理解してもらえるのではと思います。一方で、スライドの上に載せる文章としてはダメダメです。話し言葉と書き言葉は区別して考え、スライドに適した「スリム言葉」にする必要があります。

【話し言葉の書き起こし⇒スリム言葉へ】

　繰り返し表現や強調表現は、言葉で説明する時はメッセージを際立たせたり強く印象付けるために有効な場合がありますが、スライドの上に書き言葉として載せるには少々冗長です。また、なくても通じる表現は、可能な限りそぎ落としましょう。

そうすると、このようにスリムな言葉になります。文字数も、166文字から102文字と6割程度まで減らすことができました。

> **Peach boyは、鬼による村民アセット強奪問題の対策として鬼退治事業を展開しています。**
> **これは、村から鬼ヶ島へ出向いて鬼を退治し、アセットを徴収して村民に還元する事で、村民の平和な暮らしを実現する物です。**

また、意図的にいくつかの漢字をひらがなに変えるとさらに読みやすくなります。

> **Peach boyは、鬼による村民アセット強奪問題の対策として鬼退治事業を展開しています。**
> **これは、村から鬼ヶ島へ出向いて鬼を退治し、アセットを徴収して村民にお返しすることで、村民の平和なくらしを実現するものです。**

日本語は漢字・ひらがな・カタカナという3種類の文字を持つ世界でも珍しい言語ですが、これらの文字が与える印象はそれぞれ特徴があります。

特に、漢字とひらがなの使い分けについては注意が必要です。ぱっと見てわかりやすいスライドを作るためには、あえてひらがなを少し多めに織り交ぜることをおすすめします。下の文例で比較するとわかるように、適切に使用されたひらがなは、文章を柔らかく親しみやすい印象に変えてくれます。

・意図的に平仮名を織り交ぜる事によって可読性を高めて行く
・意図的にひらがなを織りまぜることによって読みやすくしていく

ひらがなと漢字はおおむね7:3くらいになるようなバランスで使い分けるとよいでしょう。

漢字・ひらがな・カタカナは、それぞれ以下のような特徴を持っています。注意して

使い分けると、スライドの上の文字がより見やすくなるはずです。

【漢字】

　漢字は、表意文字と呼ばれる「それ自体が意味を持っている文字」です。たとえば「青」という文字は、それ自体が青色という色を表しています。一つの文字が持っている情報が多く便利ですが、それは受け取り手の「記号→意味」の解釈をする負担がより大きいということでもあります。また、画数も多いのでギュッと詰まったような印象があり、堅苦しい・かしこまった印象を与えやすい文字です。

情報伝達に於ける文字の選択は極めて重要

【ひらがな】

　ひらがなは漢字を崩して作られた文字で、一つ一つが特定の音を表していますが、意味は持っていません。たとえば「あ」と「お」という文字は、それぞれ単体では意味を持ちませんが、二つつなげることで青色という色を表すようになります。一般的に漢字よりも画数が少なく曲線が多いので、柔らかく親しみやすいような印象を与えますが、文章の中にひらがなが多すぎると、やや幼稚な印象を与えることがあります。

つたえるためにはもじがとてもだいじ

【カタカナ】

　カタカナは漢字の一部を抜粋して作られた文字で、現代日本では主に外来語や擬音を表すために使われます。いわゆる「カタカナ語」は、受け取り手が問題なく理解できるものだけを使うようにしましょう。また、普通は漢字やひらがなで示す言葉をあえてカタカナで示すことで、印象的に見せられる場合があります。

イシューにマッチしたワードがタイセツ

必要なら書くべし

　時たま、「文字を少なくしたほうがいいことはわかるのですが、書かないと誤解を招く引用元や調査方式などの情報はなかなか削れません。こういった文字も削ったほうがいいのでしょうか?」という質問をいただくことがあります。

　答えは、「その文字が、スライドを作る目的を達成するために必要なら書いてください。不要なら削ってください」です。

　当たり前と言えば当たり前なのですが、時と場合や目的によって異なるので、「スライドの上の文字をどこまで削ってもいいのか」という問いに対する唯一解はありません。

　私たちはそれぞれ考え方や前提知識が異なるので、同じスライドを見ても受け取り方は千差万別です。「コップには半分程度の水が残っている」と書いてあるスライドを見て、「もう半分しかない!　大変だ!」と感じる人もいれば、「まだ半分もある!　余裕だ!」と感じる人もいます。もしそのスライドのメッセージが「コップには半分程度の水が残っている。そのため、まだ余裕だ」であるなら、誤解を招かぬよう、無理に文字を削らずにきちんとそのように書いてあげるべきでしょう。

　ちなみに、誤解や読み違いを防ぐために徹底的にこだわって書かれた文章が法律です。法律は国の仕組みを決めるものなので、誰が読んでも同じ意味になるように非常に冗長で細かい表現になっています（そのせいで専門家しか解読できなくなっているのですが……）。

　以下は、著作権法の第三条:著作物の発行の一部分を抜粋したものです。

第三条　著作物は、その性質に応じ公衆の要求を満たすことができる相当程度の部数の複製物が、第二十一条に規定する権利を有する者又はその許諾（第六十三条第一項の規定による利用の許諾をいう。以下この項、次条第一項、第四条の二及び第六十三条を除き、以下この章及び次章において同じ。）を得た者若しくは第七十九条の出版権の設定を受けた者若しくはその複製許諾（第八十条第三項の規定による複製の許諾をいう。第三十七条第三項ただし書及び第三十七条の二ただし書において同じ。）を得た者によつて作成され、頒布された場合（第二十六条、第二十六条の二第一項又は第二十六条の三に規定する権利を有する者の権利を害しない場合に限る。）において、発行されたものとする。

　ここまでガチガチに細かく書かれれば、きっと誤解はほとんど生じないでしょう。しかし、これがスライドに書かれていたら多くの人は読む気をなくすはずです。法律は少々極端な例ですが、スライドを作る目的に応じて、どの情報をどこまで載せるのが適切なのかを考えながら要素を組み立てていきましょう。

【スリム言葉へ⇒箇条書きへ】

　ここまでで、なくても伝わる表現を削ることで、話し言葉の書き起こしをスリム言葉に書き換えることができました。しかし、これでもまだ十分ではありません。スライドのメインの要素として載せるには、もう少しビジュアル化しておきたいところです。

　ここで候補に挙がってくるアプローチが箇条書きです。箇条書きとは、つまり「文章をいくつかのまとまりに区切って、並べて見せるもの」であると言うことができます。

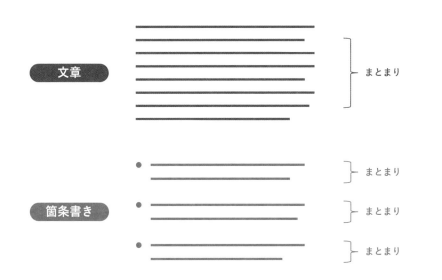

　桃太郎の例でいえば、こんな感じになるでしょう。

✓ **Peach boy**は、鬼による村民アセット強奪問題の対策として鬼退治事業を展開

✓ 村から鬼ヶ島へ出向いて鬼を退治、アセットを徴収

✓ 村民に還元することで平和な暮らしを実現

スリム言葉に比べると、かなり読みやすくなってきたのではないでしょうか。このように まとまりに区切って並べると、「複数の項目に分けて示されている」というビジュアルの情報を文字に与えることができます。

　勘のいい方はもうお気づきかも知れませんが、これは「文字のかたまりに並列という①位置関係を与えた」という風に言い換えることができます。箇条書きとは、ミニマムな図解なのです。

　ところで、こんな感じで箇条書きを作っていませんか?

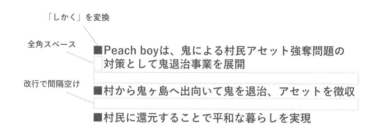

　スペースキーで行頭を揃えると微妙にずれてカッコ悪い上に効率も落ちます。箇条書き機能を使いましょう。

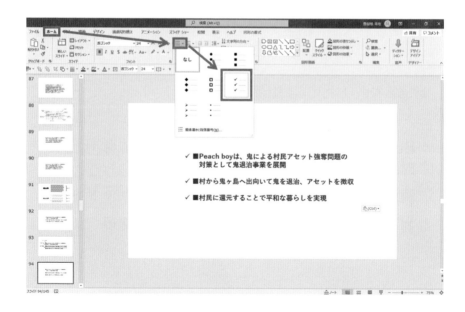

項目内で行を変えたい時は、EnterではなくShift+Enterです。

　また、空白行を入れて項目間の間隔を空けるのは少々やぼったい印象になるので、行間のオプションから段落前の間隔を12ptくらいにしてみましょう。

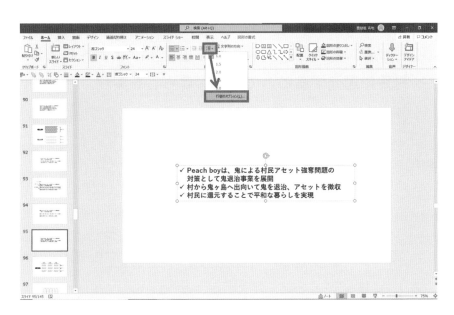

そうすると、項目同士の間隔がほどよく空いてキレイになります。

✓ **Peach boyは、鬼による村民アセット強奪問題の
対策として鬼退治事業を展開**

✓ **村から鬼ヶ島へ出向いて鬼を退治、アセットを徴収**

✓ **村民に還元することで平和な暮らしを実現**

　ちなみに、文字を区切ったまとまりをタテだけでなくヨコにも並べると表になります。表は、文字と図解の中間に位置する表現手法です。

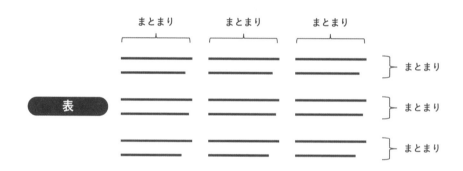

　表を扱う上で押さえておきたいポイントは、「表の主役は文字」であるということです。表は文字をタテヨコに整理したものです。枠はタテヨコの関係性を示すための道具でしかなく、内容の本質は中身の文字にあります。

　そのため、わかりやすい表を作るためには、「いかに枠の存在感を小さくするか？」が重要になってきます。たとえば次のような表があったとしましょう。これは、Excelから表をそのままPowerPointに貼った時の書式になっています。

　枠全体が青く塗りつぶされていて、文字の相対的な存在感が薄い印象です。もっと枠をシンプルにして、文字を目立たせてあげましょう。

	実績（千円）	予算（千円）	前年（千円）	予比（%）	前比（%）
11	1,236	1,200	1,156	103	107
12	1,365	1,250	1,136	109	120
13	1,398	1,300	1,245	108	112
14	1,425	1,350	1,296	106	110
15	1,415	1,400	1,315	101	108
16	1,396	1,450	1,296	96	108
17	1,458	1,500	1,253	97	116
18	1,563	1,550	1,244	101	126
19	1,687	1,600	1,196	105	141
20	1,725	1,650	1,268	105	136

　そこで、枠線の存在感を薄くしてあげます。「ノイズを減らす」ための基本的なアプローチは「色」と「大きさ（太さ）」です。枠線の色を薄いグレーにして、線の太さを細くしてあげましょう。一度表を選択して、「テーブルデザイン」タブから一番左上の「スタイルなし、表のグリッド線なし」をクリックします。

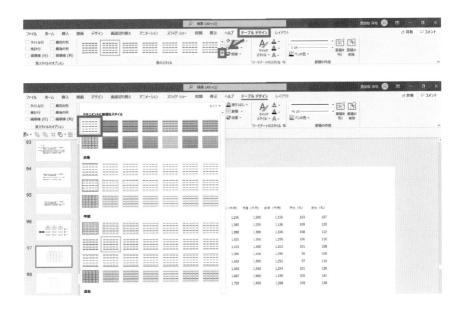

一番上以外の行を選択して、ペンの太さを1ptから0.5ptに変更。

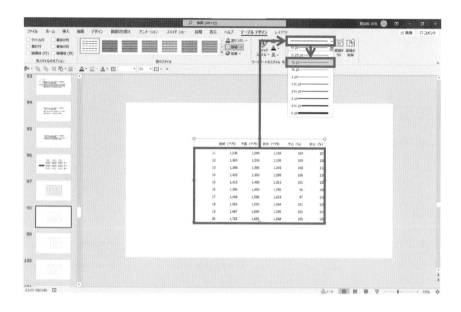

ペンの色を薄いグレーにして、

「罫線」から「横罫線（内側）」を選択すると、

このようなデザインになります。

	実績（千円）	予算（千円）	前年（千円）	予比（％）	前比（％）
11	1,236	1,200	1,156	103	107
12	1,365	1,250	1,136	109	120
13	1,398	1,300	1,245	108	112
14	1,425	1,350	1,296	106	110
15	1,415	1,400	1,315	101	108
16	1,396	1,450	1,296	96	108
17	1,458	1,500	1,253	97	116
18	1,563	1,550	1,244	101	126
19	1,687	1,600	1,196	105	141
20	1,725	1,650	1,268	105	136

かなりシンプルに、文字が目立つようになりました。タテの罫線を消しているのは、なくてもいいからです。人間の目は並んだ情報を読み取る際に、ヨコ方向にまっすぐ見ていくのは大変ですが、タテ方向にまっすぐ見ていくのは比較的ラクにできるという特性があります。そこで、縦の罫線は思い切って消してしまいましょう。

なお、一番上と一番下の線は少し太くしてもいいでしょう。ペンの太さを1ptにして「下罫線」および「上罫線」をクリックするとこのようになります。

	実績（千円）	予算（千円）	前年（千円）	予比（％）	前比（％）
11	1,236	1,200	1,156	103	107
12	1,365	1,250	1,136	109	120
13	1,398	1,300	1,245	108	112
14	1,425	1,350	1,296	106	110
15	1,415	1,400	1,315	101	108
16	1,396	1,450	1,296	96	108
17	1,458	1,500	1,253	97	116
18	1,563	1,550	1,244	101	126
19	1,687	1,600	1,196	105	141
20	1,725	1,650	1,268	105	136

いずれにせよ、重要なのは「表の主役は文字」だということです。これは、図形を使ってパワポ上で表を作る時も同じです。タテヨコを整理するだけの枠が前面に出てこないよう、ぜひ注意してみてください。

ごはん	基本的に毎日3回食べる
おやつ	基本的に一日に1回のみ食べる

▶

ごはん	基本的に毎日3回食べる
おやつ	基本的に一日に1回のみ食べる

文字の揃え

　スライドの上に書く文字を考える時に重要なポイントとして、文字の「揃え」があります。左揃え、中央揃え、右揃えの三つをうまく使いこなしてあげることが、美しいスライドを作るためには非常に重要になります。私が持っている基本的な考え方は、

　「迷ったら左。"見せる"文字は中央。数字は右。」

　です。

　先述のとおり、私たち日本人は横書きの文字を左から読むので、目はZ字を描くように動きます。ある程度の行を持った長い文章を読む時は、行の1文字目（行頭）を探しながら、そこを起点にして各行を読んでいくことになります。

> スライドの上に書く文字を考える時に重要なポイントの一つが、
> 文字の「揃え」です。左揃え、中央揃え、右揃えの3つを
> うまく使いこなしてあげることが、美しいスライドを作るためには
> 非常に重要になります。
> 「迷ったら左。"見せる"文字は中央。数字は右。」が大事です。

　左揃えなら、これがまっすぐ揃ってくれるので目の動かし方が非常にスムーズになります。1行読み終わったら、決まった場所まで戻ればよいのでとってもラクです。しかしこれを中央揃えや右揃えにしてしまうと、いちいち行頭を探してから読み始めなければならず、小さなストレスになります。

スライドの上に書く文字を考える時に重要なポイントの一つが、
文字の「揃え」です。左揃え、中央揃え、右揃えの3つを
うまく使いこなしてあげることが、美しいスライドを作るためには
非常に重要になります。
「迷ったら左。"見せる"文字は中央。数字は右。」が大事です。

　日本語の文章を書く時は、左揃えが最も自然で間違いのない揃え方です。文字の揃えに迷ったら、とりあえず左揃えにしてみましょう。

　中央揃えは、文字をスライドのど真ん中に配置している時に有効です。2行程度と行数が少なく一瞬で読める、すなわち「見せる」文字であれば、行頭を追うストレスはほとんど気になりません。この文字を見てくれ！といったイメージでそこに注目を集めたい時は、中央揃えの文字をスライド中央に配置するといいでしょう。

行数が少なく一瞬で読める、すなわち「見せる」文字を
スライド中央に配置する時は中央揃えがおすすめ

　最後に右揃えは、登場頻度は最も低いですが一つ重要な活躍ポイントがあります。それは数字を含んだ表を作る時です。
　たとえば、次の表を見てみてください。

	売上（円）	購入人数（人）
リンゴ	136,569	12,584
ゴリラ	112,558	9,654
ラッパ	103,695	8,563
パンツ	63,598	5,265

　四つの品目の売上高と購入人数が並んでいますが、売上はパンツが唯一1桁少なく、リンゴは購入人数が唯一1桁多いですね。しかし、数字が中央揃えになっているので桁のずれが左右に均等に分かれてしまっており、桁が違うことが少々わかりづらくなってしまっています。

　そこで、数字を右揃えにすると以下のようになります。

	売上（円）	購入人数（人）
リンゴ	136,569	12,584
ゴリラ	112,558	◻9,654
ラッパ	103,695	◻8,563
パンツ	◻63,598	◻5,265

　右側が揃うので、桁が違う部分が左側に飛び出て、ぱっと見で桁数がわかりやすくなりました。小さな違いですが、多くの情報をぱっと見て一瞬で把握したい時は、こうした小さな違いが物を言います。

　「迷ったら左。"見せる"文字は中央。数字は右。」を合言葉に、スライドの文字揃えを意識してみてください。

以上のように、色々な視点であらゆる不要な要素を削ることが、ノイズを減らすための第一歩です。ここで、桃太郎パワポの「鬼強奪被害額の推移」のスライドを、色々なものを削らずに作った例を見てみましょう。

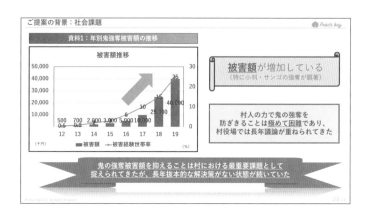

・ぱっと見で、何が言いたいのかがイマイチわからない
・文字が多く、どこを見ればいいのかが伝わらない
・ピンクや青、赤、緑、黄色などカラフルで目が疲れる
・変わった図形を多用していて全体的に装飾が派手
・グラフや図形の周りの線が多い
　などの問題点があります。これらを削ると、以下のようにわかりやすくなります。

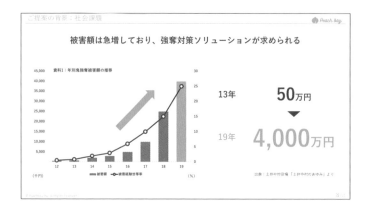

② 揃える

少し長くなりましたが、ノイズの減らし方の三つのアプローチのうち、「削る」を前節までで見てきました。

さて、次にすることは、あらゆるものを「揃える」ということです（三つ目の「空ける」は138ページから）。

私の好きな言葉の一つに、「神は細部に宿る」という言葉があります。これは「神がかった作品は、細かいところまでこだわってはじめて完成するものだ」という意味の言葉です。この考え方は、スライド作成にも通じるところがあります。神がかり的に一瞬で伝わる、人の心を動かすスライドというのは、ほんの小さな細かいところにも徹底的にこだわって作られているものです。そして、そうした細かいこだわりが最も出るのがこの「揃える」というポイントだと私は考えています。

位置を揃える

はじめに、図形やテキストボックスの位置を揃えます。スライドの上の要素がキレイに揃っていないと、そこに目が行ってしまい、ノイズになります。

図形を　揃える

ずれていると
気になる

揃っていると
スッと入る

メッセージがスッと頭に入るように、細かいところまでビシッと美しく揃えましょう。なお、揃える時は「オブジェクトの配置」を使うと便利です。揃えたい図形を選択して、ホームタブから「配置」⇒「配置（オブジェクトの位置）」と進むと、様々な方法で図形をいい感じに揃えることができます。

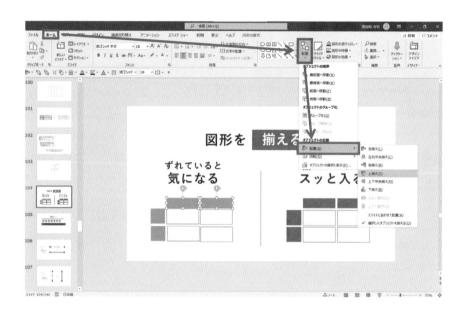

　「左／右揃え、左右／上下中央揃え、上／下揃え」の6種類は、わかりやすい図が表示されているので、どのように揃うのかが直感的にわかりやすいでしょう。
　便利なのにあまり使われていないのは「左右／上下に整列」です。これは、三つ以上の図形を選択した状態で使うと両端の図形を基準にしてすべての図形を均等に並べてくれるものです。

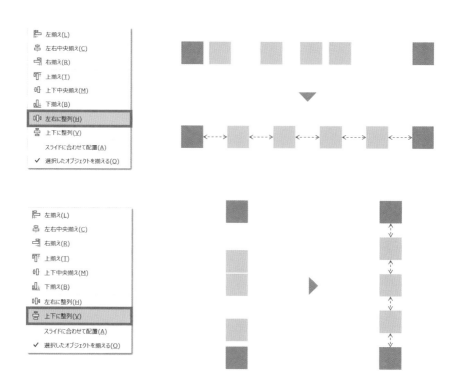

　ところで、デフォルトの設定だと、この「オブジェクトの配置」にたどり着くのに少なくとも3クリックが必要になります。左揃えに3クリック、上下中央揃えにまた3クリック……とポチポチポチポチやっていては、スライド作りはいつまで経っても終わりません。そこで、クイックアクセスツールバーを使いましょう。

　クイックアクセスツールバーとは、読んで字の如く「よく使う機能にクイックにアクセスできるツールバー」です。あまり耳慣れない言葉かも知れませんが、きっとあなたも見たことはあるはずです。パワポの左上に、元に戻す／やり直しの矢印アイコンや、上書き保存のフロッピーディスクアイコンがありますよね。あれです。

　実はあの部分、何の機能を入れるか自分でカスタマイズすることができます。

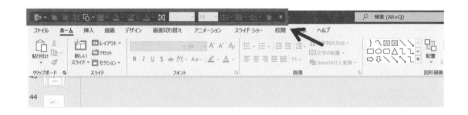

一番右に小さな下向きの三角形があると思うので、クリックしてみてください。

「その他のコマンド」を押すと、様々な機能が目白押し。パワポでできる操作のほとんどはクイックアクセスツールバーに入れることができます（Windowsユーザーの方は、任意の機能を右クリック⇒「クイックアクセスツールバーに追加」で直接入れることも可能です）。

　使用頻度の高い機能をここに入れておくと、到達するまでに複数クリックを必要とする機能をワンクリックで使うことができるようになるのです。オブジェクトの配置に限らず、よく使う機能を入れておくと便利です。

　私が入れている特におすすめの機能は以下です。それほど多く使わないものは、無理に入れなくても構いません。逆によく使う機能がこの中になければ追加して、自分だけの道具箱を作ってみてください。なお、クイックアクセスツールバーはPC端末に紐づくため、会社のオフィスの都合などで使うPCがコロコロ変わる方にはおすすめできません。ご注意ください！

　ちなみに、「その他のコマンド」の下にある「リボンの下に表示」を押すと、クイックアクセスツールバーの表示位置をリボンの下に移動することができます。十数個以上の機能を登録する方にはこちらのほうがおすすめです。

　自分でいちいち設定するのが面倒……という方には、私のおすすめ設定を丸ごとインポートできるファイルを用意しています。巻末のURLからダウンロードして是非ご活用ください。

Windowsユーザーの方にはさらにうれしいことがあります。クイックアクセスツール
バーに機能を入れると、左側から順に自動でAlt+数字のショートカットキーが割り振
られるのです。たとえば一番左のオブジェクトの配置であれば、Alt+1を押すことで
呼び出すことができます。

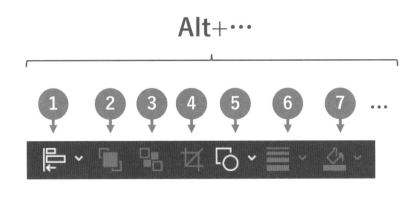

そしてそのまま各種の揃え方の上に表示されているアルファベットを押せば、その
揃え方を実行することができるのです。

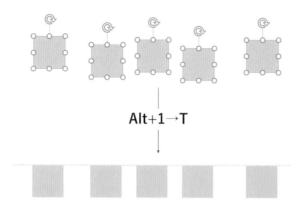

Alt+1→T

　このアルファベットは適当に割り振られているわけではなく、それぞれに意味があるので割と簡単に覚えられます。

左揃え	Left
左右中央揃え	Center
右揃え	Right
上揃え	Top
上下中央揃え	Middle
下揃え	Bottom
左右に整列	Horizontal
上下に整列	Vertical

　一度覚えてしまえばもはやこっちのもの。その先に待っているのは爆速図形揃えライフです。さっさと覚えてあなたも爆速で図形を揃えましょう。

　なお、そもそも図形やテキストボックスを複製する際に、コピー＆ペーストではなくShiftとCtrl（command）による「まっすぐコピー」を活用してあげると、後からいちいち揃える手間が省けます。詳しくは「サボる」の章で説明していきます。

Altから始まるショートカットキーの沼

　Windows ユーザーの方は「Alt+1→アルファベット」で揃え方を選べるという話をしましたが、実はこのようにアルファベットで機能を選べるのは何もクイックアクセスツールバーに限った話ではありません。

　たとえば、図形の枠線を「枠線なし」にする時。図形を選択して、「図形の枠線」⇒「枠線なし」と2回クリックしてももちろんいいですが、枠線なしの右側を見てみてください。（N）と書いてあります。実はこれ、クリックしなくてもNを押せば選べるんです。

　つまり、図形をクリック⇒「図形の枠線」⇒Nで枠線なしにすることができます。マウスカーソルを動かす手間が1回分減るので、地味ですが時間短縮につながります。

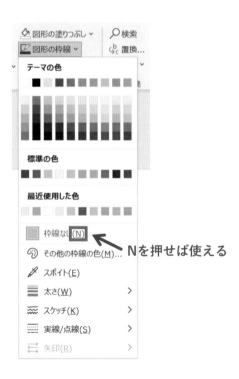

Nを押せば使える

図形の枠線
→ N

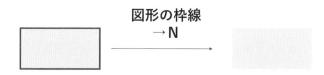

　私の場合、図形の枠線に関しては「その他の枠線の色：M」や「スポイト：E」もよく使うので暗記しています。このように、クリックを部分的にキー操作に変えるだけでもそこそこの時間短縮になるのです。

　さらに言えば、パワポを開いた状態でAltキーを押してみてください。

　ホームや挿入などのタブの上に、HやNなどのアルファベットが表示されたはずです。実はこれを順番に押していくことで、マウスを使わずとも全ての機能が使えてしまいます。
　たとえば、図形の挿入はAlt⇒N⇒S⇒H。
　フォントの色の変更はAlt⇒H⇒F⇒1。
　スライドマスターの表示はAlt⇒W⇒Mです。
　クイックアクセスツールバーを使わなくても、実はこのコマンドを覚えてしまえばキーだけで大方の操作はできます。実際、外資系のコンサルタントの方などには、キーボードだけでスライドを作れてしまう方も多くいらっしゃるそうです。

しかし、私はパワポに関しては操作を全てショートカットキーで完結させることはあまり推奨しません。導入のハードルが高いですし、パワポの強みであるビジュアルを作る工程においては、どうしても直感的なマウスによる操作に軍配が上がると考えているからです（ちなみにデータを扱う表計算ソフトであるExcelでは、全てキーボードで完結させたほうがいいと考えています。私は未だにちょくちょくマウスを触ってしまいますが……）。とは言え、時短に意欲的な上級者の方は、ぜひAltから始まるショートカットキーの沼に挑戦してみてください。

　高いハードルの向こうには、きっと素晴らしい圧倒的高効率の世界が待っているはずです。

　次に揃えるのは、ルールです。自分で決めたルールはきちんと守りましょう。スライド作成におけるルールというのは、たとえば以下のようなものです。

「タイトルは32ptにする」
「左側にメリット、右側にデメリットを書く」
「アイコンは白黒のシンプルなものを使う」

　こうしたちょっとしたルールは、作り手はルールだとも思わずに無意識にやっていることもありますが、途中で破ってしまうと聴き手にとってノイズとなります。

　たとえば以下の例では、アイコンと文字のセットが3セットありますが、左側ではリンゴはシンプルなアイコンでカタカナ＆説明付きなのに、ゴリラはかわいいイラストに文字は英語……といったように全体的に統一感がなく、ばらばらで見づらい印象を与えます。一方で右側のようにきちんとルールが守られていると、全体の流れや構造が一瞬でつかめるはずです。

　ルールを揃えると、スライドのどこにどんな要素が配置されるかが予測できるように

なるので、全体の構造を把握しやすくなります。見やすいスライドを作るために、ルールを作ってスライド全体で揃えることを意識していきましょう。

最後に、フォントを揃えます。特別な理由がない限り、一つのスライドの中で使うフォントは1種類に統一しましょう。桃太郎パワポでは、Windowsに標準で搭載されている「游ゴシック」のボールド（太字）を一貫して使っています（会社のロゴや、コンセプトのスライドのキャッチコピーは除く）。厳密に言うと日本語と英数字のフォントは分けたほうが美しいですが、游ゴシックは英数字も比較的違和感がなく使えるので、一本化してしまってOKでしょう。

なお、使うフォントは基本的にゴシック体にしましょう。明朝体はハネやトメなどの装飾を持っており独特の雰囲気を表現することができますが、この装飾が仇となって、文字を小さくした際に読みづらくなることがあります。

ゴシック体
（游ゴシック）

明朝体
（游明朝）

具体的には、Windowsなら「游ゴシック」または「メイリオ」。Macの方は「ヒラギノ角ゴシック」をおすすめします。これは、標準搭載されているフォントの中では可読性が高く、かつ美しいためです。MSゴシックやHG創英角ゴシックUBなどは、太字／細字の表現ができない、あるいは美しくないのでおすすめしません。

なお、フリーフォントを使うこともおすすめです。標準搭載のフォントではどうしても選択肢が限られてしまいますが、フリーフォントを使うことで選択肢は一気に広がります。漢字という天文学的な種類数がある文字を持つ日本語のフォントは制作に莫

大な手間と費用がかかるため、本来そこそこのお値段がします。しかし、ありがたいことに無償で使えるフリーフォントでも非常に便利で美しいものが多くあるので、ありがたくあやかりましょう。おすすめなのは「Noto Sans JP」や「M+ FONTS」などです。標準搭載ではないフォントを使う際は、そのフォントがインストールされていないPCで表示するとフォントが変わってしまい、レイアウトが崩れるので、共有する際はPDF化するなど工夫が必要になります。いずれにしても、フォントはスライドの印象を大きく左右するので、慎重に選んでください。

Google Fonts（https://fonts.google.com/）

M＋FONTS（https://mplus-fonts.osdn.jp/）

さて、今度は色々なものをあえて揃えずに、DonbraCoのプラン紹介スライドを作ってみました。

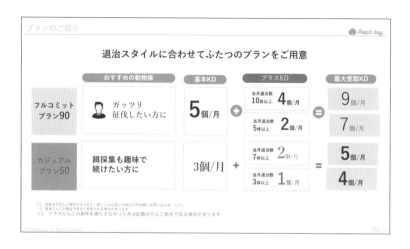

・図形の位置が揃っておらずガタガタ
・アイコンがあったりなかったり、色が微妙に違ったりとルールがバラバラ
・フォントが何種類も混在している
　といった問題点があります。これをキレイに揃えてあげると、以下のようにスッと頭に入ってくるようになります。

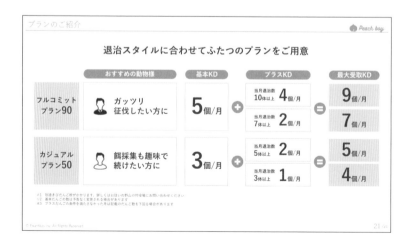

太字にできないフォント

実はフォントには、太字にできるものとできないものがあります。

　フォントそのものに元々複数の太さ（ウェイトと言います）が用意されているものは、ウェイトの間を行き来することで太さを変えることができますが、MSゴシックやHG創英角ポップ体のように用意されていないものは、太字にすることができません。

　パワポ上で太字にすると若干太くなったように見えますが、これは文字の周りに黒い線を書くことで無理やり太らせているだけであり、デザイン上の配慮がされているわけではないため、余白がつぶれるなどして非常に読みづらくなります。

HG創英角ゴシックUB　　　游ゴシック　　　メイリオ

▼　　　　　　　　　　▼　　　　　　　▼

HG創英角ゴシックUB　　　**游ゴシック**　　　**メイリオ**

　太字／細字は、文字に強弱をつける際の最もシンプルな方法です。これが使えないことは、スライド上の文字を組み立てる上で大きなハンデになります。パワポのフォントは個人の好みや慣例の影響を受けて決定されるのが世の常ですが、可能な限り太字にできるものを選ぶようにしましょう。

❸ 空ける

　ノイズを削る時のポイント、最後は「空ける」です。ここで重要になるのは、ずばり「余白」です。余白は、様々な要素を配置した"結果として生まれるもの"ではなく、一つの要素として"意図的に作るもの"です。

　人間の目は、寄せ集まっている物を無意識にグループとして見なすようにできています。

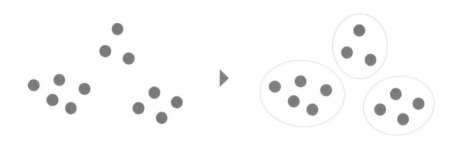

　スライドの上に要素を配置する時も、関係が強いもの同士は近くに置き、関係が弱いもの同士は遠くに置いてあげることで、スライド全体の上に見えない境界線が生まれ、要素を整理して示すことができます。

スライドの上に何も置くことなく、要素を仕切る境界線が作れるわけです。ノイズを減らすために、これほど便利な道具はありません。

　また、スライド上の余白を考える上でぜひ持っていただきたい考え方に、「スライドお弁当箱理論」があります。

スライドは、お弁当である

　スライドデザインが苦手な方は、スライドのことを「真っ白なキャンバス」や「自由帳」のように捉えている場合が多いです。全くルールがない空間に、自由に要素を配置していくと、全体の構造がわかりにくいスライドができてしまいます。

　一方私は、スライドは「お弁当箱」に近いと思っています。お弁当箱は、キャンバスや自由帳とは違って元々いくつかの仕切りを持っていて、ここはごはん、こことここはおかずといったように、どこに何を入れるかが最初からある程度規定されています。スライドもお弁当箱のような考え方で、要素を置き始める前にある程度どこに何を置くか規定してあげるべきなのです。

　たとえばアウトラインを作る時は、上部中央にメッセージを置き、その下に図解やグラフを配置するという「ゆるい仕切り」を設けていました。

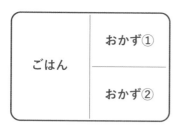 

　このように「ゆるい仕切り」で全体を切り分け、要素同士の間に一定の余白を設けてあげることで、要素同士の関係性が一目でわかりやすいスライドを作ることができます。

 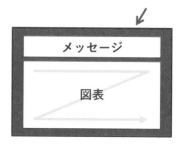

　決して難しく考える必要はありません。

桃太郎パワポでも例を見てみましょう。鬼による村民アセット強奪のスライドであれば、

　このような仕切りが存在しています。左上にタイトル、上部中央にメッセージ。そして、登場人物が二人いて、その間をモノが動いているという構造です。それぞれの要素の間には適度に余白が配され、見た瞬間に構造がわかりやすくなっています。

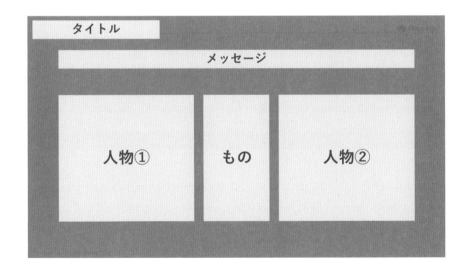

バリューチェーンの説明スライドなら、

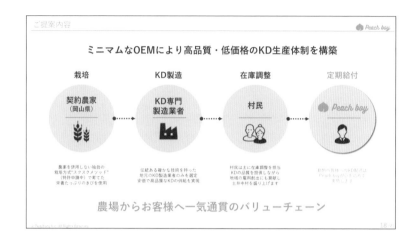

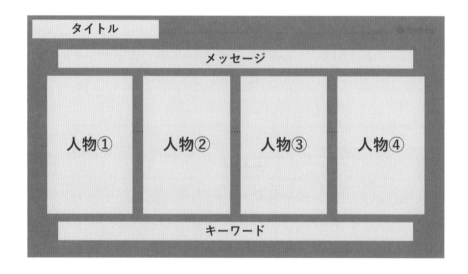

　このような構造になっていました。タイトルとメッセージは共通のまま、今度は四人
の登場人物がいます。下部には注目してほしいキーワードも配置されています。
　大切なのは、要素を置き始める前に「ゆるい仕切り」でスライドを切り分け、適度
な余白を設けてあげること。スライドの上に載せる情報が多くなればなるほど、この

考え方でスライド全体の交通整理をしてあげることの重要性が増してきます。

　スライドの上の余白はとても重要だということがわかっていただけたと思いますが、余白は実は世の中のあらゆる場面で重要なものです。セミナーの内容がいかに興味深くても、休みなく淡々と3時間も話し続けられたら、最後のほうはほとんど頭に入ってこないでしょう。プレゼンをする際は、あえてたっぷりタメることで直後の発言の印象を強めることができます。どんなに優秀なビジネスマンでも、24時間365日ずっと働きづめというわけにはいかないでしょう。時には休みをとって、体を休ませたり趣味を楽しんだりしないと、心と体を壊してしまいます。メリハリや「何もない空間」というのはどんな時も大事なのです。

　さて今度は、DonbraCoのコンセプトを示すスライドを色々な余白を空けずに作ってみました。

・スマホが上下ギリギリまで配置されていて窮屈な印象
・各要素のどれが関係していて、どれが関係していないのか伝わりにくい
・全体的に、どのような構造のスライドなのかがわからない

といった問題点がありますが、適切に余白を空けてあげることで、

このように見やすいスライドにすることができました。

5 ちょろっと飾る

　ここまでの工程の中で、スライドに必要な要素を配置し、わかりづらくなる原因のノイズを減らしてきました。すでにある程度伝わるスライドができているのではないかと思いますが、最後に少しスライドを飾り付けることで、スライドをより魅力的なものにしていきましょう。デザインに落とす工程の最後のステップは、「ちょろっと飾る」です。

　ノイズを減らす！削る！揃える！空ける！と唱えながら色々なものをそぎ落としていくと、往々にしてスライドはとてもシンプルで、少々寂しいものになります。シンプルなのはいいことですが、サービスの提案など聴き手に「お、いいな」と思ってもらうことがキモになるようなスライドでは、あまりにも簡素なスライドは好ましくない場合があります。「秒で伝わる」ためには、第一印象や雰囲気も重要な要素になり得ます。そこで考えるべきなのがこの「飾る」というポイントです。

　適切に飾るためには、その材料となるアイコンやイラスト、写真といった道具の特

徴を把握することが大切です。

【アイコン】

　そもそもiconとは、「偶像」や「象徴」という意味の言葉です。本来の意味からもわかるように、ある物事の特徴を抽出してシンプルに示した絵がアイコンです。あまり主張しないので、スライドの上に配置しても邪魔になりにくく使いやすい飾りです。ただし、抽象的な意味しか持っていないので、単体で使ってしまうと解釈がぶれることがあります。文脈で明らかにわかる場合を除いて、文字とセットで使ってあげるのがよいでしょう。

【イラスト】

　イラストは、（当たり前ですが）ある物事の絵です。アイコンよりは写実的ですが、対象をそのまま映し出す写真よりはデフォルメされています。絵のタッチによって様々な雰囲気になるので、印象が大きく変わります。なお、ビジネスの場におけるスライド作成ではアイコン・写真に比べると登場頻度は低めです。桃太郎パワポにはイラストは登場しません。

【写真】

　写真は、物事の様子をそのまま画像にしたものです。製品の紹介など、目に見えるものについて説明したい時などは実物の写真を見せるとグッと説得力が増すでしょう。また、図解の要素や背景として使うことで、アイコンにはない「世界観」を演出することができます。

以上を踏まえて、それぞれの強みと弱みを認識してスライドを飾りつけることで、より魅力的なものにしていきましょう。

ただし、ここで注意しなければならないことが一点あります。それは、こうした飾りは「所詮飾りでしかない」ということです。スライドの強みがビジュアルであるというのは主に「図解やグラフで示せる」という意味であって、飾りはあくまでもおまけです。むやみやたらに飾りまくると、それは必ずノイズになり、スライドをかえってわかりにくいものにしてしまいます。飾りをする時には、なぜそこにその飾りをするべきなのか？という問いに答えられるようにしておくことが重要です。スライドの上に、理由なく載っている要素はないのです。

たとえば環境破壊のスライド。野山と村民という文字の横にアイコンを配置していますが、これは文字だけだと目が留まりづらく、スライドの登場人物として認識されづらいと考えたためです。

また、DonbraCoのコンセプトのスライドでは、写真を背景全面に配置しています。これはそれまでのスライドから雰囲気を大幅に変えることで、注目を集めて印象的に見せることを狙っています。

　このように、使う理由が説明できなければむやみに飾りつけをするべきではありません。時おり、スライドを作る時に最初に使うアイコンやイラストを探すことから始める方がいますが、これはおすすめできません。

文字とビジュアルで語り切った後に、おまけで「飾る」

　スライドの本質は文字と構造にあります。文字と構造で語り切ってから、最後に「ちょろっと」飾ることを心がけましょう。

　ちなみにこういった飾りを使う際は、あまり素材探しに時間をかけないことがポイントです。私の場合はある程度使うサイトを限定してしまっています。

■ アイコン

　主に「ICOOON　MONO」というサイトを使っています。「アイコン　フリー」で検索すると最初のほうに出てくるサイトです。

ICOOON　MONO（https://icooon-mono.com）

　……ただ、最新のPowerPoint2019ではパワポから直接アイコンが挿入できます。もうアイコンを使う際に毎回ネットを開く必要はありません。ただし、検索してもお目当てのアイコンにたどり着けないことが少々多いので、よく使うアイコンをまるっとまとめた素材集のスライドをあらかじめ作っておくと便利でしょう。

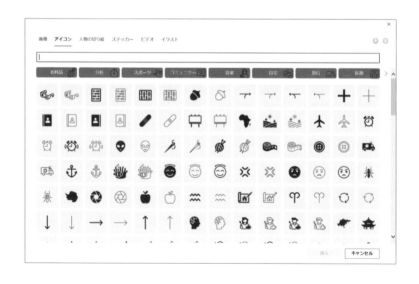

　イラストはスライドの雰囲気を大きく左右します。「いらすとや」は皆さんご存知のマンモス無料イラスト素材サイトですが、少々テイストがかわいすぎるので、真面目なビジネスの場で使うスライドにはあまりおすすめしません。

　私がセミナー資料などでよく使うのは「Linustock」と「Loose Drawing」です。雰囲気が強すぎず、資料のテイストにあまり大きな影響を与えないのでとても使いやすいです。

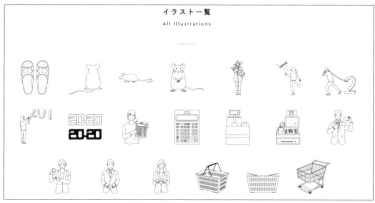

Linustock（https://www.linustock.com/vectors）

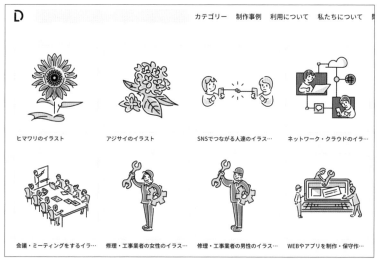

Loose Drawing（https://loosedrawing.com/）

もう少しシャレた雰囲気にしたい時は、「manypixels」や「unDraw」といった海外のテック系のフリーイラスト素材サイトを使います。サイト上で好きな色に変えてダウンロードできるので、とても便利です。

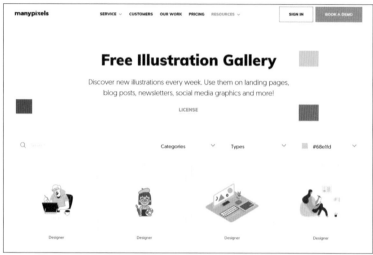

manypixels（https://www.manypixels.co/gallery）

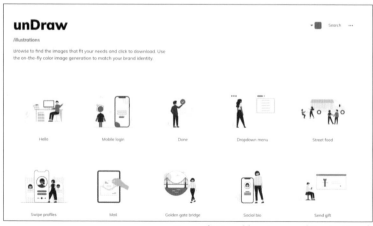

unDraw（https://undraw.co/illustrations）

■ 写真

　スライドの雰囲気をガラッと変えて注目を集めたい時は、背景を大胆に一面写真にしてあげることが有効です。使う写真も雰囲気のあるものを使うとよいですが、私がよく使っている素材サイトは「Unsplash」です。主に海外の写真家の方が撮影した写真素材が無料で利用できます。少々おしゃれすぎる時もあるので、もう少し庶民的な雰囲気の写真が欲しい時は「写真AC」もよく使います。

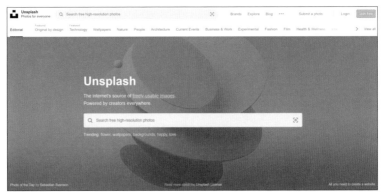

Unsplash（https://unsplash.com/）

写真AC（https://www.photo-ac.com/）

　※各サイトを利用する際は、それぞれの利用規約をご確認ください

- ・記号を選ぶ：ビジュアルの強みを活かせる記号を使う

- ・ノイズを減らす：メッセージに関係ない要素を削る

- ・先人に学ぶ：Google 先生を駆使して決算資料に学ぶ

- ・①構造を抽出する：図解とグラフを使いこなす

- ・②アウトラインを作る：Z の法則で設計図を作る

- ・③スライドに清書する：メッセージを図表で説明する

- ・④ノイズを減らす：削る・揃える・空けるを意識する

- ・⑤ちょろっと飾る：理由を持って魅力的にする

第 4 章

プレゼン
する

ここまでの工程でようやくスライドが完成しました。ですが、ここで終わりではありません。最後に、これを人前で説明する、すなわち「プレゼンする」の工程について考えていきましょう。

　メッセージを変換する先の記号は、スライドの上に載っているものだけではありません。言葉による説明も記号の一種です。

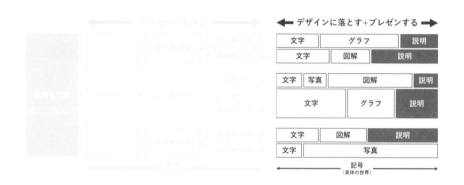

　言葉による説明は、スライドの上に載せる記号と違って人対人のコミュニケーションになるため、細かいニュアンスが伝わりやすくなります。また、熱意や意気込みも文字で書くよりもずっとよく伝わるでしょう。

　プレゼンをせず、たとえばメールで送るだけで完結するならスライドの上で全て完結させる必要がありますが、もしプレゼンを前提とするならば、スライドを作成する段階から「どこを言葉で説明するか」を考えておくことが重要です。

「物語」を語る

　プレゼンの極意、一つ目は「物語を語る」です。突然ですが、ここで皆さんに二つ質問をします。

　一問目。あなたは、3.14より先の円周率をどこまで言えますか?

私のように変なことばかり覚えている変人でもなければ、せいぜい「3.1415」くらいまでしか言えない方がほとんどだと思います。

　では、二問目。あなたは、「むかしむかし……」から先の「桃太郎」をどこまで話せますか?

　きっと多くの方は、うろ覚えながらも「むかしむかしあるところに、おじいさんとおばあさんがおりました。ある日おじいさんは山へ柴刈りに、おばあさんは川へ洗濯に行きました。おばあさんが川で洗濯をしていると、川上からどんぶらこどんぶらこと大きな桃が……」といった風に、ある程度話せてしまうのではないでしょうか。
　しかし、考えてみてください。「どんぶらこどんぶらこ……」あたりまでを含んだ桃太郎のお話と、3.1415926535……と10桁程度の円周率、情報として量が多いのは圧倒的に桃太郎のほうではないでしょうか。

円周率

桃太郎

3.14159265

昔々、あるところにおじいさんと
おばあさんがおりました。
ある日おじいさんは山へ柴刈りに、
おばあさんは川へ洗濯に行きました。
おばあさんが川で洗濯をしていると…

　桃太郎のほうがずっと情報の量が多いのに、私たちは桃太郎はすんなり覚えることができ、円周率はなかなか覚えられないのです。これにはいろいろな理由がありますが、私は「桃太郎は『物語』だから」だと捉えています。私たちは、無味乾燥な情報の羅列はなかなか覚えられなくても、意味のつながりを持った「物語」は簡単に覚えられるのです。

　すなわち、印象的で頭に残るプレゼンをしたければ、円周率のようなつまらない情報の羅列ではなく、桃太郎のような「物語」を語るべし、ということが言えるでしょう。

📄 積み木のお城

プレゼンの極意二つ目は、「積み木のお城」という考え方です。

　皆さんは、「良い説明」をしようとする時、どんなイメージを頭に思い浮かべているでしょうか。自分の口から吹き出しが出て、その中に理路整然としたロジックを組み立てていく、といったようなイメージをされていないでしょうか。

　もちろんそういったイメージも悪くないですが、私はむしろ相手の頭から吹き出しが出て、その中に「積み木のお城」が積み上がっていくようなイメージを持つべきだと考えています。

　メッセージを作る工程の一番最初で述べたとおり、プレゼンの主役は常に聴き手です。どれだけ完璧にロジカルな口上を並べ立てたとしても、それを聴き手が理解していなければ全く意味がないのです。良い説明は常に聴き手起点で作られます。

　かつ、良い説明というのは誰でも理解できるシンプルなロジックで組み立てられるものです。プラモデルのような複雑なつくりのものではなく、こどもでも扱えるようなおもちゃの積み木を積むくらい簡単な構造物を、聴き手の頭の中で作ってもらうつもりで説明を組み立てるとよいでしょう。

1 地図を入れ込む

ここからは、プレゼンのステップについて述べていきます。

プレゼンのステップ、一つ目は「地図を入れ込む」です。「章を作る」の項目でも述べたとおり、プレゼンは聴き手を結論という目的地へ誘(いざな)う一つの旅にたとえることができます。「自分がどこに向かうのか、今どこにいて、どこまで進んできたのか」がわからないと、聴き手は不安になり、内容が頭に入ってきづらくなります。

そこでポイントになるのが、全体像・現在地・振り返りの三つです。「今日の話は要するにこういうことです」と、全体像を先に示してあげる。「今からこの部分を話します」と、全体の中で今自分がどこにいるのかを理解してもらう。「今日お話ししたのはこういうことです」と、積み上げてきたものを一緒におさらいする。このような「地図」を、スライドや言葉を使って示してあげることで、プレゼンの聴き手は安心し、すんなりと内容を理解することができるようになるのです。

桃太郎パワポでも、最初に全体像を示したり、現在地を確認したりといった工夫がなされていました。

なお、このような「地図」の示し方は、聴き手の様子を見ながらレベル感を調整するとよいでしょう。前提条件からきちんと理解してもらう必要があるプレゼンなら、ちょっとしつこいくらいに示してもいいですし、ツーカーの関係の上司であれば、ほとんど省略して結論だけバシッと言ってしまってもいいかも知れません。

全体像・現在地・振り返り
様子を見ながら、しつこいくらいに

- 「今日の話は要するにこういうことです」
- 「今からこの部分を話します」
- 「今日お話ししたのはこういうことです」

2 あらすじを押さえる

　プレゼンのステップ二つ目は、「あらすじを押さえる」です。

　先述のとおり、プレゼンで語るべきは単なる情報の羅列ではなく、意味のつながりを持った「物語」です。

　昔話を語る時は、淡々と事実だけを述べていくことはしませんよね。「老婆が川で洗濯をしている際、川上から桃が流れてくるのを発見した。拾得した桃を切ると、乳児が出現した」などと無感情に並べ立てられても、桃太郎のおもしろさはちっとも伝わってきません。

　「おばあさんが、川で洗濯をしていると……？　なんと、川上から大きな桃がどんぶらこ、どんぶらこと流れてきたではないですか。その桃を持ち帰って切ってみると……？　なんと、中から赤ちゃんが出てきたのです」といったように、場面と場面のつながりを示してあげることで、はじめて「物語」になります。

　これはプレゼンでも同じです。「人手が足りなくて困っています。環境破壊も進んでいます。餌も減ってます。サービスはこんな感じです」と淡々と述べても、魅力は伝わりません。「人手が足りなくて困っています。一方で環境に目を向けると、環境破壊が進んでいます。ではこれで皆さんがどう困るかと言うと、餌が減ってしまうんです。そこで今回ご提案するのが、このサービスなんです！」といったように、スライドとスライドのつながり、つまり「あらすじ」を意識して語ることが非常に重要なのです。

メッセージ		つながり

しかし、人手が足りず困っている

村民による環境破壊が進んでいる　　　一方で環境に目を向けると…

餌になる資源が年々減っている　　　これで何が困るかというと…

サービスのコンセプトはこの通り　　　ということでご提案するのが…

　そして、この「あらすじを押さえる」という時に重要な事実が、「スライドは言葉の
サポート役に過ぎない」ということです。せっかく対面でプレゼンをするなら、対面で
コミュニケーションをする強みを意識するべきです。スライドに書いてある言葉をただ
読み上げるようなプレゼンは、聴き手の心を動かせません。まずは言葉で物語を語
れるようにして、そのサポートとしてスライドを見せる。プレゼンにおいては、この主
従関係を逆転させてはいけません。

 スライド に書いてある 言葉 を読む

 物語 の補助として スライド を見せる

スライドサイズ問題

　パワポ芸人をやっているとよく聞かれる質問の一つに、「スライドサイズはワイド（16:9）と標準サイズ（4:3）のどちらがいいですか？」というものがあります。これはなかなか難しい問題なのですが、僕の答えは「16:9がおすすめですが、ケースバイケースです」になります。

　まず前提として、世の中のあらゆるデザインは徐々に16:9がスタンダードになってきています。代表的なものがテレビです。昔のブラウン管のテレビで映画を観ると上下に黒い帯が入りましたが、最近のテレビでは入りません。これは、テレビのモニターが横長になり、黒い帯でタテヨコ比を調整する必要がなくなったからです。パソコンのモニターやプロジェクターを投影するスクリーンも、最近のものは皆16:9、あるいはそれに近いタテヨコ比になっています。

　そういった背景もあり、徐々にスライドのスタンダードは16:9になってきています。それは、2021年時点での最新バージョンであるPowerPoint2019でスライドを新規作成した際のデフォルトのタテヨコ比が16:9になっている点にも表れていると言えるでしょう。場合によっては、4:3のスライドはどこか時代遅れな印象を与えるかも知れません。また、モニターやスクリーンは16:9に近いタテヨコ比のため、4:3で作ると左右に黒い帯が入ってしまい、貴重なスペースが無駄になってしまいます。せっかく手間をかけてスライドを作っているので、なるべくスペースは有効活用してビジュアルという武器を最大限使いたいところですよね。

　ところが、そんな16:9にも弱点があります。それは印刷です。今も昔も、私たちが使うコピー用紙は、$\sqrt{2}:1$という4:3に近いタテヨコ比を持っています。そのため、16:9のスライドは紙に印刷すると今度は上下に大きな余白が入ってしまうのです。

　それに加えて、実際にスライドを作ってみるとわかりますが、16:9は結構レイアウトが難しいタテヨコ比です。4:3なら、タイトルとメッセージを書いて、その下に図表を入れれば素直にバランスが取れるのですが、16:9だと

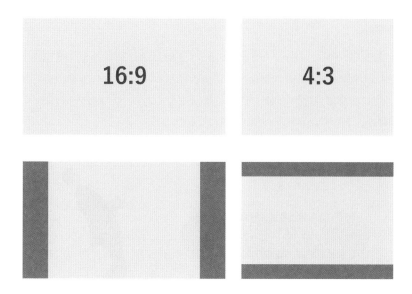

少々横長すぎるような印象になりがちです。

　もちろん、16:9でも桃太郎パワポのように他の要素を入れ込んであげるなどして工夫すればバランスが取れますし、スライドの上部ではなく左側にメッセージを書きこむという方法もあります。しかし、やや難しくなるのは事実でしょう。

　こうした背景から、私は「16:9がおすすめですが、ケースバイケースです」という回答をしています。個人的には、確実に印刷して使うことがわかっている場合以外は、ひとまず16:9で作成してみることをおすすめしています。

3 がんばる

　ここまでプレゼンのステップをさまざま語ってきましたが、とは言え人前で話すのは何度やっても緊張するもの。最後の最後は、元気と気合、そして場数がものを言います。急に精神論になりますが、自信がなくともまずはバッターボックスに立って慣れていくのが、良いプレゼンターへの近道になるでしょう。

> がんばるぞ

第4章まとめ ━━━

- ・「物語」を語る：**円周率ではなく桃太郎を語る**
- ・積み木のお城：**相手の頭の中でシンプルに組み立てる**
- ・①地図を入れ込む：**全体像・現在地・振り返りを押さえる**
- ・②あらすじを押さえる：**つながりをもった言葉で説明する**
- ・③がんばる：**最後は気合と場数**

第 **5** 章

サボる

ここまでの内容で、スライドの作り方と話し方はおおむね押さえることができました。しかし、もう一つ重要なことがあります。それは「いかに速くスライドを作るか」ということです。

　皆様重々承知のとおり、ビジネスマンというのは忙しい生き物です。いくら良いスライドを作りたいとは言っても、何時間も何日もかけていては良い仕事とは言えません。時間をかけずに作れてこその「良いスライド」ではないでしょうか。ここからは、いかに時間をかけずにスライドを作るかについて述べていきます。

　スライドを手早く作るために最も重要な考え方。それは「サボる」ということです。サボるというと、やるべきことをやっていないようで何だか嫌な感じの響きですが、本書では皆さんに「作業時間を短縮すること」をあまり難しく考えず気軽に捉えていただきたく、あえてこの言葉を使っています。やらなくてもいいことはしないのが吉。積極的にサボっていきましょう。

▢ テンプレートでサボる

　最初のサボりポイントは、テンプレートです。

　スライドを作る時、毎回PowerPointの「新規作成」からスライドを作ったり、以前作ったスライドをベースに作ったりしていませんか？ 真っ白な状態から毎回テキストボックスを挿入したり、逆にいらない図形を削除したりすることは、何も価値を生まない無駄な作業です。

　なので、サボってしまいましょう。シンプルなものでよいので、テンプレートを一つ持っておくと便利です。会社や研究室で指定されているテンプレートがあるなら、それを使うのがよいでしょう。

　また、よく使う図形やテキストもあらかじめまとめておくことをおすすめします。「削る」の節で述べたように、スライドを作る時に使う図形やテキストというのはシンプルなもので十分なので、かなり限定されます。円や四角形、三角形や矢印といった基本的な図形をまとめたスライドを作っておけば、いちいち挿入しなくてもコピペして持ってくるだけで済むはずです。

……とは言え皆さんお忙しいかと思いますので、私の方でテンプレートを作っておきました。本書の巻末に記載されているURLからダウンロードできるので、ぜひお役立てください。せっかくなので、本書に掲載している昔話パワポのテンプレートも作成しています。昔話パワポの中に含まれるものと同じような図解が作れる素材も用意しているので、ぜひご活用ください。

⌨️ ショートカットキーでサボる

　次に、ショートカットキーでサボりましょう。皆さんはスライドを作る時、ショートカットキーを使っていますか？　私は日々これでもかというほどに使いまくっていますが、あまり使わないという方も多いでしょう。パワポに限った話ではありませんが、ショートカットキーを使わない方にはショートカットキーのことを「意識が高い人が使うもの」として捉えている方が多いように感じます。しかし私はむしろその逆で、「面倒くさがりが使う機能」だと思っています。

　なぜなら、マウスを使う操作はとても「面倒」なものだからです。たとえば、「名前を付けて保存」はキーボードを使えば「指を動かす→F12を押す」の2ステップで終わりますが、マウスを使うと「カーソルを動かす→『ファイル』をクリックする→カーソルを動かす→『名前を付けて保存』をクリックする」の4ステップかかります。マウスを使うと手順が増えて面倒なことがわかるでしょう。

　「ショートカットキーを覚えるのが大変だから、私はマウスを使う」と言う方もいるでしょう。好みは人それぞれなので否定はしませんが、私はそれでもショートカットキーを使いこなすことをおすすめします。

　PowerPointは万人に使いやすいように設計されているので、どこにどんな機能が入っているか書いてあります。そのため、マウスを使って順番に特定の箇所をクリックしていけば、誰でも簡単にお目当ての機能にたどりつくことができます。大きな図書館で、棚に書いてあるジャンルを見ながら借りたい本を探すようなイメージです。目で確認しながら、非常に直感的に操作することができます。

一方でキーは、じっと眺めても何の機能が使えるかはわかりません。F12キーには、残念ながら「名前を付けて保存」とは書いてありませんよね。しかし、たった一度覚えてしまえば一瞬で操作が終わるようになります。図書館でたとえれば、特定の合言葉を唱えるとお目当ての本が一瞬で手元に飛んでくるようなもの。いちいち広い館内を歩き回る必要はありません。キーボードは、言わば「直感的な操作を犠牲にして時間を取るツール」なのです。

　合言葉を覚える手間を惜しむか、今後もずっと広い館内を歩き回るか。どちらを選ぶかはあなたの自由ですが、私は合言葉を覚えることを全力でおすすめします。本が手元に飛んできたら楽しそうですしね。

　さて、ショートカットキーの便利さをわかっていただけたところで、パワポを使う上で絶対に押さえてほしいショートカットキーについていくつか紹介していきます。なお、ここでは基本的にWindowsのショートカットキーを記載しています。Macユーザーの方は、本章の最後のほうに掲載している対応表をご参照ください。

1 CtrlとShiftを使いこなす

　皆さん、CtrlとShift使ってますか？　Ctrl+CやCtrl+Zは使ってるけど、CtrlとかShiftにキー単体の機能なんかあるの?……そんな風に思う方も少なくないのではないでしょうか。

　いわゆるショートカットキーではありませんが、パワポを操る上でこの二つのキーは大変に便利です。ぜひこの機会に使いこなせるようになってみてください。

　最初に覚えていただきたいのは、Ctrl+ドラッグ＆ドロップによる「コピー」です。私はスライドを作る時、いわゆるコピー＆ペースト（Ctrl+C→Ctrl+V）をそれほど使いません。オブジェクト(図形やテキストボックスのこと)を複製する時は、Ctrlを押しながらドラッグ＆ドロップをします。

　これの何がいいかと言うと、普通にコピペするのと違って直接複製先の場所へ移動できるので、少々手間が減るのです。

「なんだ、そんなことか…」と思うなかれ。作業効率アップをするためには、「ちりも積もれば山となる」の精神が大事。小さな時間短縮を積み重ねていきましょう。

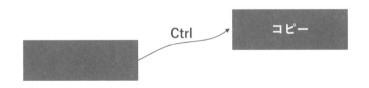

　次に、Shiftを押しながらオブジェクトをドラッグすると、「まっすぐ移動」ができます。普通にドラッグするとオブジェクトは上下左右に自由自在に動いてしまいますが、Shiftを押すことで真上や真下に直線的に動かすことができるのです。

　そして、この二つを組み合わせると「まっすぐコピー」になります。

　スライド上でオブジェクトを複製する時は、上下または左右にビシッと揃った形でコピーしたいことが多いはずです。「まっすぐコピー」なら、最初からオブジェクトがまっすぐ複製されるので後からビシッと揃える手間が省けます。神を細部に宿らせやすいショートカットキーと言えるでしょう（ドロップと同時にキーから手を離すのではなく、キーを押したままでオブジェクトをドロップするように注意してください）。

たとえばこんな感じのよくあるマトリクスを作る時は、

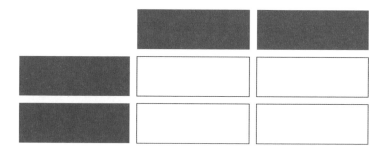

まず、行を増やすために下方向にまっすぐコピー。

次に、Shiftを押しながら二つの図形をクリックすることで同時に選択し、今後は右方向にまっすぐコピー。

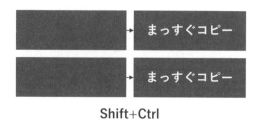

同じことをもう一度右方向に繰り返し。

Shift+Ctrl

Shiftを押しながら右上の二つをクリックして同時に選択し、上側にまっすぐコピー。

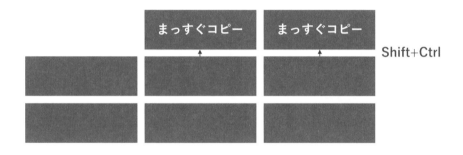

Shift+Ctrl

最後の真ん中の図形の書式を変えて白くすれば、マトリクスの完成です。

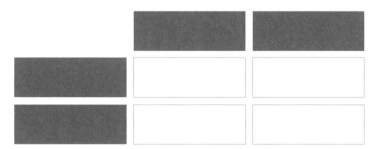

書式を変更

以上のような手順を踏むと、最初から間違いなくキレイに揃ったものを作ることができます。本を読んでいるだけでは、きっとこのまっすぐコピーの便利さはわかってもらえません。ぜひ手元にPCを開き、実際に試しながら読み進めてみてください。

　また、CtrlとShiftの便利さはまっすぐコピーだけではありません。
　Ctrlの「基準点を中心にする」という機能も押さえておきましょう。
　普通、オブジェクトのサイズを変えるとカーソルで引っ張っている点の対角にあたる点が基準点になります。引っ張った頂点だけが伸びて、反対側の頂点は固定されているようなイメージです。

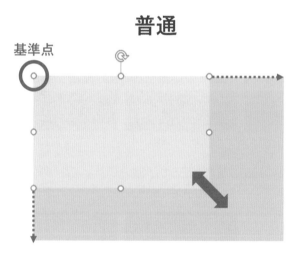

　しかし、Ctrlを押しながらサイズを変えると、基準点が図形の中心になります。これの何がうれしいかというと、たとえばスライドの中心に配置した図形のサイズを変えたい時に、右下を引っ張って大きくして、少し右下に移動してしまうので位置を戻して……という手間がなくなるのです。

Ctrlを押しながら

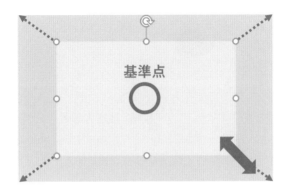

基準点

　Shiftがいい感じにしてくれるのは移動だけではありません。図形を回転させる時も、Shiftを押しながら回転させると15°、30°、45°、60°……といった具合に、ちょうどいい角度でピシッと止まってくれます。

　また、オブジェクトを挿入する際、Shiftを押しながら挿入するとタテヨコ比が1:1の図形を挿入することができます。これは、円を挿入する時に特に役立ちます。円は、少しでも歪んでいると一気にカッコ悪くなるため、必ずShiftを押しながらタテヨコ比が1:1の正円を挿入するようにしましょう。

　新しく挿入する時だけでなく、既に挿入してあるオブジェクトのサイズを変える時もShiftが活躍します。Shiftを押しながらサイズを変更すると、タテヨコ比を固定したままで拡大縮小することができます。先述の円はもちろんのこと、アイコンや写真、画像として挿入されている文字も、絶対にタテヨコ比を変えてはいけません。人間の目というのは不思議に敏感なもので、絵や文字のタテヨコ比がちょっとでも変わっているとなんとなく違和感を覚えるからです。

　また、線を扱う時も同様です。パワポに線を挿入する時、まっすぐキレイな線を描きたいのにうまくいかない……そう思ったことはないですか。Shiftを押しながら挿入してみましょう。タテヨコにまっすぐ伸びるキレイな線を挿入することができます。線を伸ばしたり縮めたりする時も同様です。

　以上のように、CtrlとShiftは非常に便利なキーです。左手は常にキーボードの左手前に置いて、この二つのキーをいつでも使えるようにしておきましょう。

マウスを使おう！

　私は、パワポでスライドを作る時は必ずマウスを使っています。左手でショートカットキーをさばきながら、右手でマウスを操る。これが私の定位置です。マウスに特にこだわりはなく、ロジクール社の安価なもの（M220）を愛用しています（ちなみにキーボードには少々こだわりがありますが、結果的にこちらもロジクールの安価なもの（K295）を2個持ちで愛用しています）。

　逆に言うと、ノートPCに備わっているトラックパッドでは絶対に操作しません。というか、フラストレーションがたまりすぎてまともに操作ができないでしょう。あの小さい四角形の中で指先を動かして細かい作業をするのは私にはどうにも難しく、パワポの作成をしようと思ってカフェに来ても、マウスを家に忘れていたら作業をするのはすっぱりあきらめます。

　時折、ノートPCに備え付けのトラックパッドでパワポを操作する人を見ることがありますが、私には到底真似できません。トラックパッドで素晴らしいスライドを作る方もいらっしゃいますし、使いやすいほうを使うのが一番ですが、個人的な考えとしてはマウスをおすすめします。

グループ化を使いこなせ！

　パワポには、グループ化という機能があります。複数の図形やテキストボックスをグループ化することで、一つのまとまりとして扱うことができる機能です。実はこれ「まとめて動かせるようになる」ということ以上に、きわめて便利な機能です。グループ化の真髄は、サイズの変更にあります。

　先ほどCtrlキーの説明で、Ctrlを押しながらサイズを変更すると基準点が図形の中心になるという話をしました。パワポの使いこなしにおいて、サイズ変更の基準点という考え方は非常に重要です。複数のオブジェクトをまとめてグループ化をすると、複数あった基準点が1個になります。基準点が1個になると何がうれしいかと言うと、全体のレイアウトを崩さずにサイズを変更することができるようになるのです。

■グループ化をしないと、オブジェクト一つひとつに基準点ができる

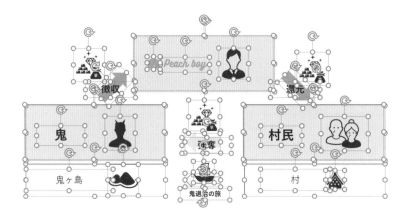

■そのまま縮小すると、オブジェクトそれぞれがその場所で小さくなる

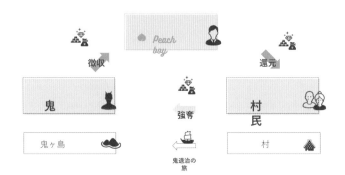

■しかし、グループ化をしてから縮小すれば、基準点が全体でまとめて1
個になる

■縮小してからフォントを小さくすれば、全体構造を変えずに図解全体の
サイズを小さくすることができる

「構造図を一度作ったけど、ちょっと大きすぎた」「スライドのレイアウトを
4:3から16:9に変えたら左右に余白ができちゃったから、ちょっと横に伸ば
したい」……こうした時は、全体をグループ化してからサイズを変えるとよ
いでしょう。

（アイコンや写真はタテヨコ比が変わらないよう注意）

2　書式コピペ

　次に、普通のコピペの進化バージョンである「書式コピペ」について見ていきましょう。たとえば、以下のような二つの四角形があったとしましょう。左側の四角形は青く囲み線はなしでフォントはゴシック。右側の四角形はグレーで囲み線あり、フォントは明朝体です。左側の四角形の特徴を、右側の四角形にも適用したいとしたらどうするでしょうか?

<table>
<tr><td>書式コピペ</td><td>書式コピペ</td></tr>
</table>

　多くの方は、グレーの四角形をクリックして、図形の塗りつぶしを変えて、線の色を変えて、フォントを変えて…といった方法をとるでしょう。しかし、一番速い方法は「書式コピペ」です。青い四角形を選択して、普通のコピペにShiftを加えた「Ctrl+Shift+C」を押します。そして今度はグレーの四角形を選択して、「Ctrl+Shift+V」を押すと……

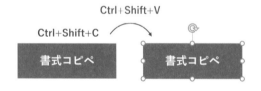

　青い四角形が持っていた特徴(書式)が、すべてグレーの四角形にも適用されました。複数選択して一気に変えることもできます。一度作ってしまった図解の書式を変えたい時などにとても便利です。

　なお、コピペにShiftを加えると書式コピペになるように、Shiftキーは特定のショー

トカットキーと組み合わせることでその機能を少し「ずらした」ような機能になることがあります。それもそのはず、Shiftとは元々「位置・方向が変わる」という意味を持つ言葉です。キーの機能をクイッとずらしてくれるようなイメージでとらえるとよいでしょう。

　他にも、以下のようなショートカットキーがShiftによって「クイッとずらす」ことができきます。

Ctrl+S　上書き保存
　→　Ctrl+Shift+S　名前を付けて保存
Ctrl+G　グループ化
　→　Ctrl+Shift+G　グループ解除

3　フォント：大きさ・装飾・揃え

　スライドを作る上で、テキストは非常に登場頻度の高い重要な道具です。そんなテキストを扱うのに、いちいちマウスを使っていては時間がもったいないので、ショートカットキーで操りましょう。

　まず、フォントサイズは「Ctrl+Shift+＞」で大きく、「Ctrl+Shift+＜」で小さくなります。「大なり」で大きく、「小なり」で小さくなるので覚えやすいですね。
　また、太字はCtrl+Bで使えます。BはBoldの略です。とっても覚えやすいですね。
　そして、文字の揃え方もキーで変えましょう。左揃えはCtrl+ L、右揃えはCtrl+ R、中央揃えはCtrl+ Eです。それぞれLeft、Rightと……cEnterのEでしょうか。Cはコピーに取られてしまったので2文字目を使っているようです。

　BoldのB、LeftのLのように、ショートカットキーは機能の略称になっているものが多いです。中央揃えのように何とも言えないものも中にはありますが、そういった時は「イー感じに真ん中にくるE」のように無理やり語呂合わせにしてしまうのも吉です。覚えてしまえばこっちのもんです。

4 スライドショー

パワポを語る上で欠かせないのがスライドショー。作ったスライドを画面いっぱいに映し出し、プレゼンがしやすい状態にしてくれる機能です。これもマウスではなく、ショートカットで操作することをおすすめします。

なお、人にパワポのスライドを見せる時は、スライドをその場で編集するなど特別な理由がなければ、なるべくスライドショーにして見せるようにしましょう。

理由は単純で、そのほうが大きく見えるからです。限られたサイズの画面の中で効果的にコミュニケーションをするためには、使えるスペースはなるべく使ってあげたほうがよいです。

特別な理由があってスライドショーにできない場合も、リボン（編集機能のアイコンなどが表示されている領域）を隠す、左側のスライド一覧を小さくするなどして表示しているスライドがなるべく大きく見えるようにしてあげるとよいでしょう。

Shift+F5

まず、スライドショーを始める時のショートカットキーです。マウスで操作する場合は右下のスクリーンのアイコンをクリックしますが、小さくてクリックしづらいのでキーで対応してしまいましょう。F5を押すと最初のスライドからスライドショーを開始します。ここにShiftをつけてShift+F5にすると、今表示しているスライドから開始できます。実際にはこちらのほうが使用頻度が高いので、Shift+F5でスライドショー、と覚えてしまうことをおすすめします。

Esc

スライドショーを終了できます。もう右クリックして「スライドショーの終了」を選ぶ必要はありません。このEscというキー、パワポでは登場の機会はあまり多くないですが、こう見えて非常に便利なキーです。イメージとしては、「やろうとしていたことをやめる」キーだと思ってください。ExcelやOutlookでは大活躍してくれます。

Ctrl+L

　レーザーポインターを開始できます。普通のマウスカーソルだと注目を集めづらく見にくいので、プレゼン中にスライドの特定の箇所をPC上で指し示す時は必ずレーザーポインターを使いましょう。もちろん本物のレーザーが出るポインターや、デジタルポインターツールを使ってもよいです。小さな会場であれば、アナログな指し棒も便利です。

　なお、プレゼンする時は体が邪魔にならないよう、必ず聴き手から見てスライドの右側に立つようにしましょう。聴き手の視点はＺ字を描くように左上から右下へと移動するので、左側に立つとスライドの中のすでに説明された部分を見返したい時に体が邪魔になってしまうためです。

B ／ W

　スライドショー中にＢ（BlackのＢ）を押すと画面が真っ暗になります。プレゼンを中断したり、プロジェクターを一時的に暗くしたい時などに便利です。逆にＷ（WhiteのＷ）を押すと真っ白になります。プレゼン中にPCが故障したふりをしてごまかすことも可能でしょう。おすすめはしません。

G

　スライドショー中にＧを押すと、スライド一覧の画面に移動することができます。プレゼンが終わった後、聴き手から「あのページ、もう一度見せてもらえますか？　えっと……売上一覧の表がある……」といったようなことを言われることはよくあるでしょう。そういう時は、いちいちスライドショーを終了する必要はありません。Ｇを一押ししてスライド一覧を見せれば、全体が俯瞰できるので、どのスライドが見たいのかすぐ把握できます。

　なお、ページ番号が具体的にわかっている時は、スライドショーの画面で数字を打ち込んでEnterキーを押せばそのスライドにジャンプすることもできます。

スライドショー中にＧを押した状態

　他にも、私が特におすすめしているパワポのショートカットキーをまとめたので、ぜひこの機会に覚えて活用してみてください。図書館をグルグル歩き回る必要はもうありません。

【本書で紹介したもの】

	Windows	Mac
コピー	Ctrl+ドラッグ&ドロップ	Ctrl（または option）+ドラッグ&ドロップ
まっすぐ移動	Shift+ドラッグ&ドロップ	Shift+ドラッグ&ドロップ
まっすぐコピー	Ctrl+Shift+ドラッグ&ドロップ	Ctrl（または option）+Shift+ドラッグ&ドロップ
基準点を中心に拡大縮小	Ctrl+サイズ変更	Ctrl+サイズ変更
キリのいい角度で回転	Shift+回転	Shift+回転
タテヨコ比を変えずに拡大縮小	Shift+サイズ変更	Shift+サイズ変更
（図形）タテヨコ比 1:1 で挿入（線）まっすぐ挿入	Shift+オブジェクトの挿入	Shift+オブジェクトの挿入
書式コピペ	Ctrl+Shift+C/V	⌘+Shift+C/V
上書き保存	Ctrl+S（Save）	⌘+S

【本書で紹介したもの】

	Windows	Mac
名前を付けて保存	Ctrl+Shift+S　※F12でも可	⌘+Shift+S
グループ化	Ctrl+G	⌘+option+G
グループ解除	Ctrl+Shift+G	⌘+option+Shift+G
フォントサイズの拡大／縮小	Ctrl+Shift+＞/＜	⌘+Shift+＞/＜
太字	Ctrl+B（Bold）	⌘+B
左揃え	Ctrl+L（Left）	⌘+L
右揃え	Ctrl+R（Right）	⌘+R
中央揃え	Ctrl+E	⌘+E
今のスライドから スライドショーを開始	Shift+F5	⌘+Enter
最初のスライドから スライドショーを開始	F5	⌘+Shift+Enter
スライドショーを終了	Esc	Esc
（スライドショー中） レーザーポインター	Ctrl+L　（Laser）	⌘+L
（スライドショー中）スライド一覧	G　※－でも可	なし
（スライドショー中）画面を黒くする	B　（Black）	B
（スライドショー中）画面を白くする	W　（White）	W

【紹介しきれなかったもの】

	Windows	Mac
すべて選択	Ctrl+A　（All）	⌘+A
複製	Ctrl+D　（Duplicate）	⌘+D
スライドの新規作成	Ctrl+N　（New）	⌘+N
新しいスライドの挿入	Ctrl+M	⌘+Shift+N
印刷	Ctrl+P　（Print）	⌘+P
ハイパーリンクの挿入	Ctrl+K	⌘+K
直前の操作の繰り返し	Ctrl+Y　※F4でも可	⌘+Y
テキストやスライドの 最初／最後に移動	Home/End	fn+←/fn+→

	Windows	Mac
箇条書きの項目を移動	Alt+Shift+ ↑ / ↓	なし
範囲を指定して スクリーンショット	Win+Shift+S	⌘ +Shift+4

　ここまでショートカットキーをいくつか紹介してきましたが、便利なショートカットキーを教科書を読むように眺めても、「ふーん、便利なキーがあるんだなあ」で終わってしまい、なかなか使いこなせるようにならない方が少なくありません。こういった新しい機能をモノにするには、マインドセットが非常に重要です。

　ここまで紹介してきたショートカットキー自体よりも、ここから述べるマインドセットのほうがはるかに重要と言っても過言ではありません。ぜひ、次の二つの考え方を取り入れてみていただきたいです。

💻 面倒くさがれ！

　ショートカットキーは、先述のとおり「意識が高い人」ではなく「面倒くさがり」が多用するものです。ということは、そもそもその操作を「面倒くさいな……」と感じていなければ、もっと速くできるんじゃないか?という発想に至ることができないのです。あらゆる操作を面倒くさがり、現状に満足せずに新しい手法を探し続ければ、必ずもっと良い方法が見つかるはずです。

　実際、私はかなりパワポを使いこなしている自負がありますが、それでも日々新しい機能や使い方に出会います。パワポに限った話ではありませんが、物事の習得に絶対の正解もなければ、明確なゴールもないのです。

　普段当たり前のようにやっている操作を当たり前だと思わない。現状を疑う。もっと良いやり方が、もっと楽で簡単な方法があるんじゃないかと常に考える。

　このスタンスが大事なのは、きっとパワポに限った話ではないでしょう。

　「面倒くささのハードルを下げる」。このことをぜひ意識していただければと思います。

🖥 すぐググれ！

　私たちは、インプットではなくアウトプットで覚える生き物です。YouTubeの自転車の乗り方解説動画を観るだけで自転車に乗れるようになる人はいません。話を聞いて頭で理解するだけではなく、実際に手を動かすことが重要です。そして、手を動かして新しいスキルを身に付ける時に最も効率がよくなるのは、「必要に迫られた時」です。ある機能をただ漫然と使ってみるだけでは、多くの場合「ふーん」で終わってしまい、頭の中を右から左へとすり抜けていきます。そうではなく、「今、目の前にあるこれをなんとか解決したい！」と思ったまさにその時に使うと、「なるほど！」という強烈な印象と共に脳内に定着するのです。親に言われたから仕方なく自転車を練習する子どもと、どうしても自分で遠くの公園まで自転車を漕いで行きたいから練習する子ども。後者のほうが上達が早いのは明らかでしょう。

　そして、今は非常に便利な世の中になったので、困った時はGoogleが助けてくれます。「あ～パワポで太字にするのってどうやるんだっけ！」そう思った刹那、「パワポ　太字　ショートカット」で検索する。そして、どこかの誰かがまとめてくれたブログなり動画なりを見て、実際に自分で使ってみる。これ以上に身に付くショートカットキー習得法はありません。実際、私が身に付けたパワポのショートカットキーは、本やセミナーなどではなく全てGoogle先生に教えてもらいました。

　つまり、面倒くささのハードルを下げること。そして、目の前に「やりたい！」がある時にすぐググること。これが、ショートカットキーを習得するためにきわめて重要な二つのマインドセットです。

頂点の編集という沼

パワポでは、円や四角形などの単純な図形しか挿入できないと思っていませんか？ 実は、パワポの図形はかなり自由自在に形を変えることができます。図形をクリックして、「頂点の編集」をしてみましょう。パワポの図形は、「ベジェ曲線」と呼ばれる頂点と方向線で構成される曲線でできており、これを細かく編集することで好きな形に変えることができるのです。

とは言え、ベジェ曲線の編集はかなり慣れが必要でなかなか簡単に扱えるものでもありません。それに、ここまで凝ったことをするならIllustratorを使ったほうがいいでしょう。

パワポの可能性を追究したい上級者におすすめの機能です。ちなみに私はこの機能を使ってたまにパワポで人気キャラクターの絵を描いたりしています（大人の事情でここに載せることはできません。ご了承ください）。

第 **6** 章

ケース
スタディ

スライド作成のケーススタディ

　ここまで読み進めてきて、皆さんはそろそろスライドを自分で作ってみたい気持ちでうずうずしてきているのではないでしょうか（してきていることを祈ります）。

　そんな皆さんのために、昔話をテーマにしたケーススタディをご用意しました。スライドの材料をダウンロードできるURLも用意しています。以降に示す前提と課題スライドの材料を元にして、本書で得たことを駆使してスライドを作成してみてください。

　また、全く同じ材料を使った模範解答も用意しています。スライドに正解はありませんから、もちろん私が作ったものが唯一解ではありません。しかし、「なるほどこういう表現をするのか」「こういう図解は他のところでも使えそうだな」という場所をぜひ探していただいて、使えそうなところはぜひパクッていただければ幸いです。

【課題】

浦島太郎パワポ

【前提】

- ✓ アンチエイジングリゾート『海の聲』を提供するオモテジマトラベルは、数年前まで売上を順調に伸ばしていた。
- ✓ オモテジマは、海岸でいじめられている亀を発見して顧客に斡旋する。顧客は亀を助けることで竜宮城へ送迎され、滞在中は一切「歳をとらずに」最高級のおもてなしを受けることができる。もちろん、有毒な煙を発する玉手箱はオモテジマが回収し、安全に処理する。
- ✓ 決してツアー代は安くないが、加齢による見た目の変化に敏感なミドル世代に受け、大人気のツアーパッケージになっていた。
- ✓ しかし近年、ビジネスの起点となる「いじめられている亀」が激減。業績悪化の憂き目に遭っていた。
- ✓ 環境との共生、サステナブルな事業の重要性が叫ばれる中、オモテジマのビジネスは「子どもが亀をいじめる」という極めて旧時代的な文化に立脚している。会社が亀のいじめを事業の中心に据えているということは、オモテジマにとって

- も大きなリスクだった。
- ✓ そうした背景もあり、オモテジマは研究を重ね、実際に暴力を振るわずともいじめる"フリ"をしてから助けるだけでも亀が竜宮城への送迎を行うことを突き止めていた。
- ✓ しかし、そもそも野生の亀はその数を減少させており、海岸に流れ着いた亀を探すのは地元の地形をよく知った子どもたちでもなければ至難の業だった。
- ✓ 子どもたちが亀をいじめる最も大きな理由は、お駄賃が少ないせいでストレスが溜まる点にあった。江戸の町全体と比較すると、村の子どもたちがもらっているお駄賃の額は明らかに少なかった。
- ✓ 子どもたちに亀を見つけてもらって、いじめるフリをしてもらって顧客に助けさせる。そして、その対価として手数料を渡す。そうすれば、オモテジマは安定して事業を継続することができ、子どもたちは新たな収入を得ることができる。
- ✓ しかも、実際には亀をいじめるわけではないので、村人に見られて炎上するリスクもなくなる。亀をいじめなくても、収入が増えたのでストレスを解消する必要はない。
- ✓ 実現すれば、ご両親、亀、地域社会、幕府、そして環境の五つのステークホルダーにとってメリットの大きい提携になるだろう。

【プレゼンの目的】

子どもたちに対して、「手数料を支払うので、浜辺で発見した亀の情報を提供してほしい」という提案を飲んでもらう

【課題スライドの材料】

巻末に記載のURLにアクセスし、「課題スライド_浦島太郎」を使用してください。

※次ページから「模範解答」を掲載しています

【 模 範 解 答 】

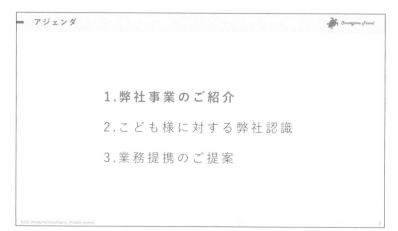

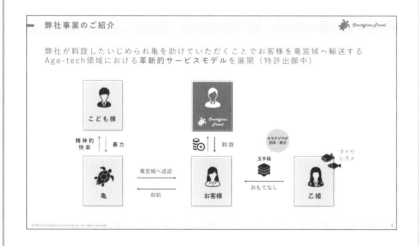

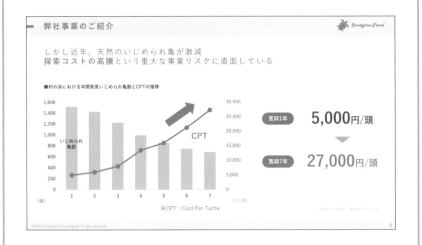

1.弊社事業のご紹介

2.こども様に対する弊社認識

3.業務提携のご提案

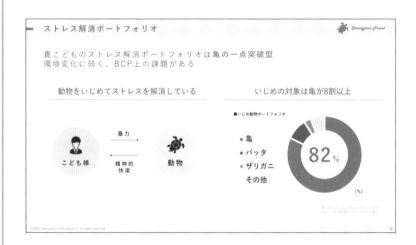

ストレス解消ポートフォリオ

貴こどものストレス解消ポートフォリオは亀の一点突破型
環境変化に弱く、BCP上の課題がある

動物をいじめてストレスを解消している　　いじめの対象は亀が8割以上

暴力 →
こども様　← 精神的快楽　動物

■いじめ動物ポートフォリオ

82%

■亀
■バッタ
■ザリガニ
　その他

(%)

191

第6章　ケーススタディ

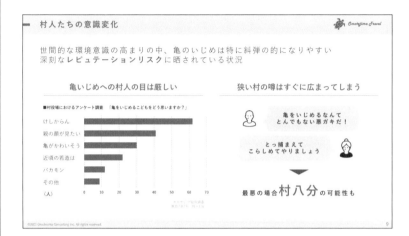

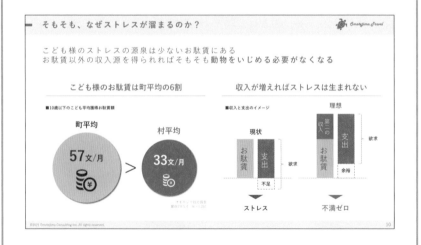

竜宮城送迎の誘導条件

数十回にわたるテストの結果、亀はいじめの前フリだけでも
救助すれば「**助けられた**」と感じて竜宮城への送迎を行うことが判明

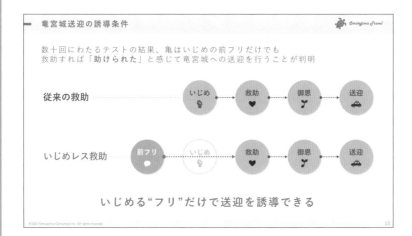

いじめる"フリ"だけで送迎を誘導できる

提携の概要

貴こども様に手数料をお支払いし、いじめられ亀を提供いただく
かつ、亀救助フローを「**いじめられる直前で助ける**」形式に変更

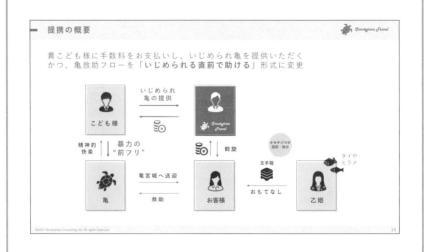

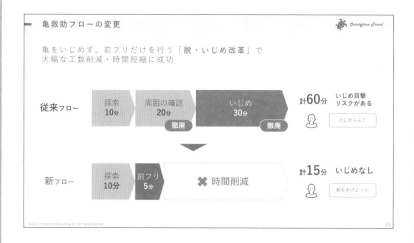

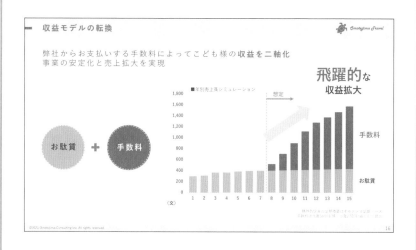

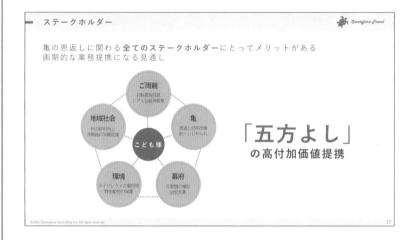

【模範解答はここまで】

スライド添削のケーススタディ

　ここまでの内容は、基本的には一からスライドを作ることを想定して論じてきました。しかし多くの場合、皆さんの手元には既に今までに作ったスライドがあることでしょう。また、今までに諸先輩方が作成してきたスライドがストックされている営業部署などでは、一からスライドを作るより、既に存在している資料を切り貼りしてスライドを作る機会の方が多い方もいらっしゃるのではないでしょうか。

　そこでここでは、すでに完成しているスライドを例にとって、その問題点と改善例とを比べるケーススタディを見ていくことにします。皆さんも、手元にあるスライドと見比べながら、どのように修正するとより伝わりやすくなるかを考えてみてください。

　ケーススタディに入る前に、一度スライドをマトリクスによってパターン分けしてみましょう。スライドは、「情報が多い／少ない」「装飾が多い／少ない」の2軸によって分類することができます。文字やグラフ、図解などによって表される情報が1枚のスライドに多く載っていれば情報が多いスライド。アイコンや写真、影やグラデーションをつけた図形などの飾りを多用していれば装飾が多いスライドということになります。

　これらの軸は、必ずしもそのまま優劣を示さないという点に注意してください。スライドを作る目的によっては、スライドの情報を多くしたほうがいいこともあれば、少なくしたほうがいいこともあります。装飾を多めにして派手なスライドにしたほうがいいこともあれば、最低限のシンプルなスライドにしたほうがいいこともあります。どの象限が正解、という答えはありません。どの象限に位置していても、優れたパワポもあればイマイチなパワポもあります。

　ちなみにこのマトリクスでは、本書で紹介している桃太郎パワポはこのあたりに位置します。

ここからは、このマトリクスを使って様々なイマイチパワポを事例として紹介し、その改善方法を考えていきましょう。なお、事例として赤ずきんのオオカミが「なぜ自分の耳・目・口は大きいのか」という問いに回答していく際のスライドを用います。

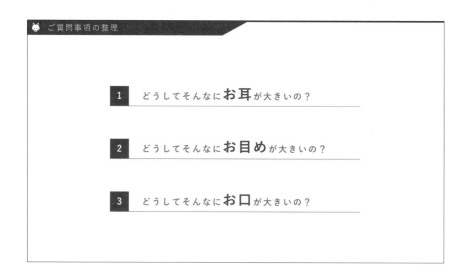

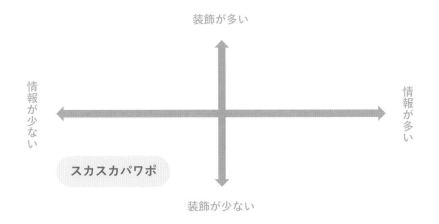

最初に紹介するイマイチパワポは「スカスカパワポ」です。これは読んで字の如く、スライドに載っている情報が少なく、スカスカな印象を与えるパワポです。

【スカスカパワポの例】

テンプレートなどがなく、まだあまりスライド作成に慣れていない方が一からスライドを作った場合に多く見られるパターンで、「なんかそれっぽく見えないんだよな……」というお悩みをお持ちだったりします。

こうしたスカスカパワポの改善策の第一歩は、まず「内容を練り直す」ということです。スライドはあくまでもメッセージを伝える手段。素材が悪ければおいしい料理が作れないのと同じように、骨太なメッセージとその根拠を用意できなければ、骨のあるスライドは作れません。まずはデザインに凝るのではなく、きちんと相手を説得する根拠となるメッセージを練り直すところから始めましょう。

2 文字文字パワポ

続いてのイマイチパワポは、「文字文字パワポ」です。

これは、内容を全て文字で説明しており、全体的に「文字文字しい」＝ビジーなスライドのことです。

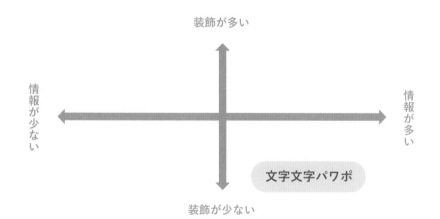

極端に大きい顔のパーツとその理由について

■お耳が大きい理由
⇒お前の声がよく聞こえるように
耳の大きさと声の聞こえやすさの間には強い相関がある

■お目めが大きい理由
⇒お前のことがよく見えるように
3倍×3倍＝9倍の面積の視野でお前の行動を漏れなく把握できる

■お口が大きい理由
⇒お前を食べるため
圧倒的なお口の大きさでお前の身長をカバーできる

　文字は、多くの情報を持つことができる上に、見る人によって解釈がぶれにくい非常に便利な道具です。しかし何度も言うようですが、スライドの強みはビジュアルにあります。このような文字だらけのスライドを作るくらいなら、そもそもスライドを作る必要がない可能性が高いでしょう。WordやGoogleドキュメントで十分なのではないか、ということを今一度考えてみてください。

　とは言えこの文字文字パワポは、絶対にダメというわけではありません。資料を作る時間がない時や、プレゼンの最初に今日言いたいことをまとめて話す時などは、箇条書きでサラッと要旨をまとめることが有用な場合も多くあります。

　なので、文字が多いという要素は変えずに、もう少し見やすくする方法を考えてみましょう。ポイントは二つ。箇条書き機能を使うということと、強弱をつけるということです。

・箇条書き機能を使う

　既に述べたとおり、箇条書き機能は非常に便利な機能です。行頭で「しかく」と打ってスペースで余白を揃えるのはもうやめましょう。

・強弱をつける

　読みやすい文字を書く上では、強弱をつけるということが非常に重要です。太字

／細字や色、フォントサイズによって文字ごとの強弱をつけてあげましょう。なお、Beforeのスライドでは HG 創英角ゴシック UB を用いていますが、これは太字にできないフォントのためイマイチです。After では游ゴシックを使用しています。

【添削例】

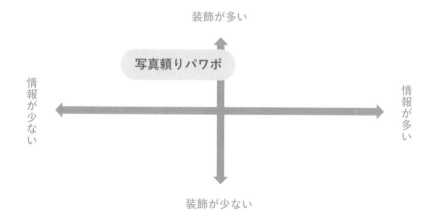

お耳が大きい理由
⇒お前の声がよく聞こえるように
耳の大きさと声の聞こえやすさの間には強い相関がある

お目めが大きい理由
⇒お前のことがよく見えるように
3倍×3倍＝9倍の面積の視野でお前の行動を漏れなく把握できる

お口が大きい理由
⇒お前を食べるため
圧倒的なお口の大きさでお前の身長をカバーできる

---

３ 写真頼りパワポ

続いて紹介するイマイチパワポは、「写真頼りパワポ」です。背景に写真をドーンと載せるとそれっぽくなるからという理由で、スライド全体においてその手法を取り入れているものです。

【写真頼りパワポの例】

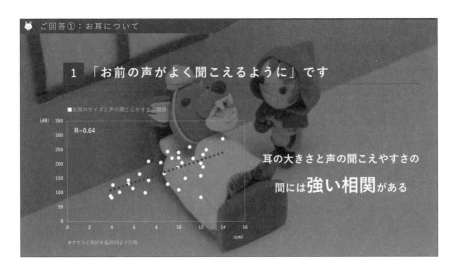

確かに背景を写真にするのは注目を集めるためには有効な手法ですが、むやみやたらに使うとかえってスライドを見にくくしてしまいます。一定のフォーマットを守りながら、ポイントを絞って写真が背景のスライドを差し込むからこそリズムが変わって注目を集めることができるのです。型を作らずして、型破りはできません。

まずは、写真をドーンと使わなくても十分言いたいことは表現できるのではないか？と一度考えてみましょう。

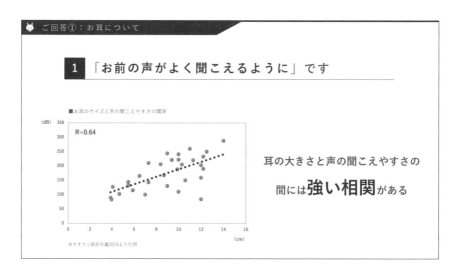

　もし写真を使うにしても、スタイリッシュな印象を与えたいのであれば使う写真は慎重に選定したほうがいいでしょう。Beforeは写真ACから持ってきていますが、たとえばUnsplashで「wolf」と検索して出てきた写真を使うと、次のような感じになります。

とは言えこれでも少々内容が見にくいので、写真をドーンと載せるところと内容を書き込む部分を区別してみましょう。

　写真はスライドの左半分に載せて、短いコピーだけを象徴的に載せる。残りの要素は写真を背景にしない右半分に載せることで、写真による強い印象と要素の読みやすさとを両立することができます。このような左右分割のレイアウトは使いやすいので覚えておくとよいでしょう。

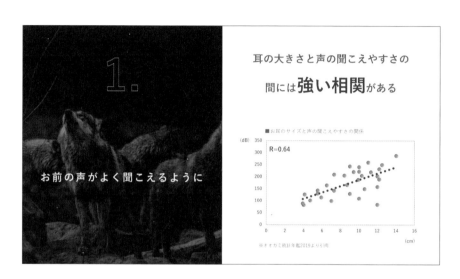

　なお、スライドに写真を背景として使う際は、写真を選択して「図の形式」⇒修整から明るさを下げた少し暗いものを使うことをおすすめします。写真の存在感を少々弱めて、上に載せた文字などの要素を読みやすくするためです。

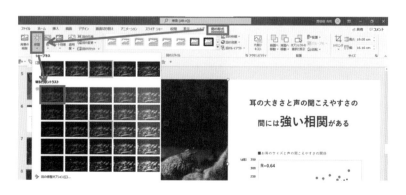

4 サバサバパワポ

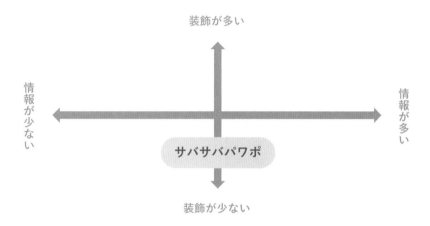

　次は、「サバサバパワポ」です。これは、メッセージは明確でノイズも少ないけど、全体的にシンプルすぎてイマイチ「それっぽく」ないスライドのことです。「ノイズを減らすのが大事!」ということを強く意識するとこのようなスライドになることがあります。

【サバサバパワポの例】

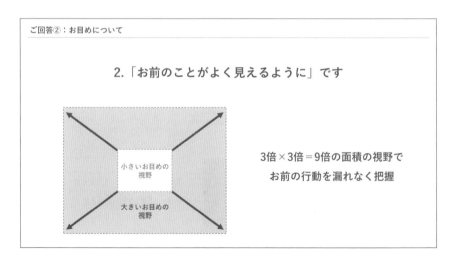

サバサバパワポがどんな時も絶対にイマイチというわけではありません。むしろ、ノイズを削ったわかりやすいスライドだとも言えるでしょう。

　しかし、相手に「魅力的だな」「引き込まれるな」と思ってほしいのであれば、適度に色や飾りを使って、思わず見たくなるようなスライドにしてあげたほうがよい場合があります。

　コンセプトカラーやアイコンを使って、文字と構造で示した後に「ちょろっと飾って」あげるといいでしょう。文字の強弱でスライドにリズムを持たせることも有効です。

【添削例】

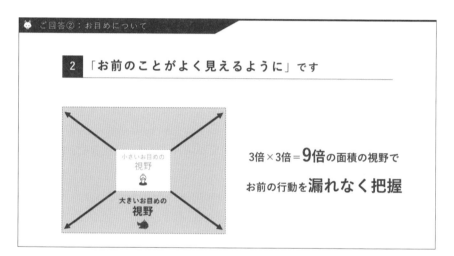

　また、文字＋アイコンの組み合わせは「それっぽさ」を出す上では非常に使い勝手のいい素材です。色々な場面で使えるので、ぜひ武器として使えるようにしておくとよいでしょう。

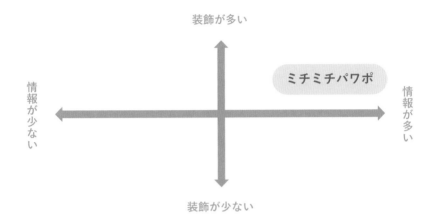

　次はミチミチパワポです。これは、装飾はそれほど多くないものの、様々な情報が複雑にスライドの上で絡み合っており、ぱっと見では何が言いたいのかよくわからないスライドのことです。

【ミチミチパワポの例】

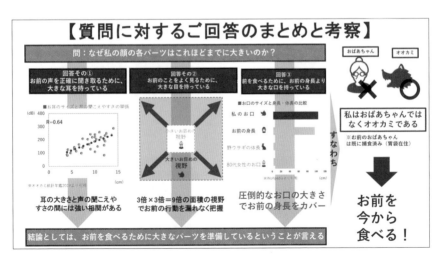

こうしたミチミチパワポに対する一つのアプローチは、スライドに載せる情報の量を減らすということです。プレゼンを目的としたスライドであれば、1枚のスライドにあまりにも多くの情報が載っていることは好ましくありません。言いたいことがひとことでスッと伝わるくらいの情報に絞って、シンプルに見せてあげましょう。Afterは、例として三つ目の質問への回答の部分のみを示しています。

【添削例】

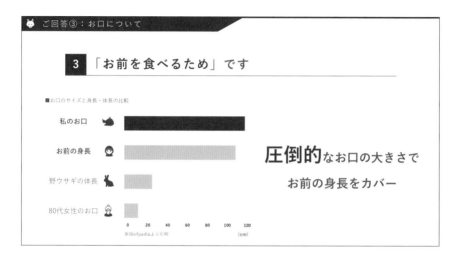

　とは言え、会議資料に枚数制限がある、上司がミチミチパワポを好むなどの理由から、1枚のスライドに多くの情報を入れざるを得ないという方もいらっしゃるでしょう。そういった方におすすめのアプローチは、「仕切る」ということです。

　わかりにくいミチミチパワポには多くの場合「仕切り」がありません。スライドは白いキャンバスではなくお弁当箱だ、という話を思い出してください。お弁当箱におかずを詰める時にバランで仕切るのと同じように、スライド全体をタテヨコにゆるく区切り、適度に余白という緩衝材を持たせながら要素を再配置してあげましょう。

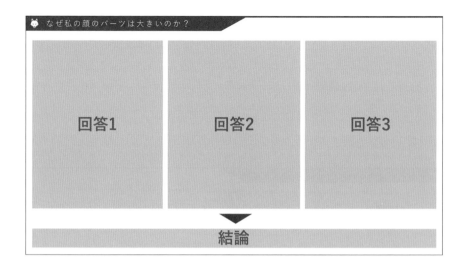

　また、文字を削るのも重要な考え方です。スライドの上に載せる文字は「読ませる」ではなく「見せる」文字。冗長な修飾語や回りくどい言い方を排し、エッセンスだけをバシッと書いてあげましょう。

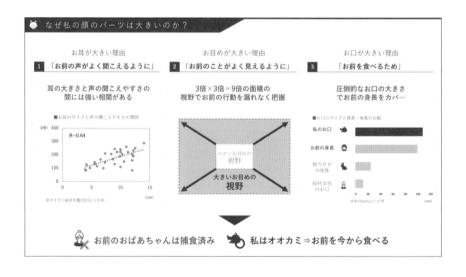

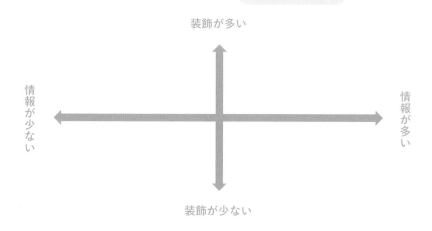

最後はゴテゴテパワポです。

【ゴテゴテパワポの例】

これは、グラデーションや影、立体、縁取りなど、ありとあらゆる装飾を使いまくったド派手なパワポです。主にプレゼンを目的としたスライドで多く見られます。

　プレゼンを主目的としているのであれば、こういったド派手なスライドでも大きな問題はない場合があります。ぱっと見の印象が悪い意味で強すぎなのは否めませんが、スライドはあくまでも言葉による説明のサポート役。見た目がド派手だろうがデザインセンスが皆無だろうが、聴き手に内容が伝わって納得＆行動をしてもらいさえすればそれでよいのです。むしろ、ゴテゴテにすることで話し手の人柄が伝わって効果的な場合もあるかも知れません。

　しかし、記録・資料を目的としている場合や、聴き手に対してスタイリッシュな印象を与えたい場合はそうも行きません。影や縁取り、立体といった特殊な効果はノイズになるので特別な理由がない限り使わない。イラストは素材元を統一し雰囲気を揃える。背景にむやみに写真を使わない……。これまで見てきたあらゆる考え方やノウハウを活用して、シンプルに見せることに取り組んでいきましょう。

🖥 パワポという「ツール」

　時々、「パワポはもう時代遅れだ」と言う方がいます。Keynote、Googleスライド、Canva、Preziなどの優れたプレゼンテーションソフトが続々と登場し勢力を伸ばしており、パワポは近いうちに廃れてしまうだろうという意見です。

　私は、これを必ずしも否定しません。実際、とあるベンチャー企業で働く知人は、仕事でパワポを使うことは一切ないと言っていました。多くのベンチャー企業にとって、無料な上に共有機能も強いGoogleスライドが存在する中、わざわざ高いお金をかけてOfficeを導入する強い理由はないようです。たしかにこうした動きを見ていると、もしかすると10年後は誰もパワポを使っていないかも……とも思えてきます。

　私は「パワポ芸人」を自称して活動していますし、パワポというツールを心から愛していますが、パワポを絶対的なものだと考えているわけではありません。私はこれまでの人生の中で、自分が「物事をかみ砕き、面白おかしく味付けして誰かに伝える」ことができた時に至上の喜びを感じることに気付きました。パワポは、それを実現するための一つのツールに過ぎません。手元にGoogleスライドしかなければきっとGoogleスライドを使っているでしょうし、紙とペンしかなければ小説でも書いていたかも知れません。Adobeのサブスク料金がもう少し安ければ、今頃イラレ芸人になっていた可能性だってあります。パワポは、あくまで無限にあるツールの1種類に過ぎないのです。

　そして本書の内容も、本質的には「パワポの使い方」や「スライドの作り方」ではないと私は考えています。本書の本質とは「思考の手法」であり、「ビジュアライゼーションスキル」であり、「説明力」であり、「勉強法」です。それらがたまたまパワポというツールに乗って、皆さんのお手元に届いているのです。

　本書を読むことで、皆さんは何を得てくださったでしょうか。単なるパワポというツー

ルを超えた、時代を超えても普遍的に役立つなんらかの財産を何か一つでも持ち帰っていただけていれば幸いです。

　さて、本書について友人に「おもしろかった?」と聞かれた時に、何と返すかはもう決めていただけたでしょうか。「えっと……まあ、全体的に……?」ではなく、「○○っていう考え方が印象に残ったよ」であるとか、「□□を活用したら、自分の思っていることをメチャクチャきれいに形にすることができたんだよ!!」なんて返していただけるようになっていたら、これほどうれしいことはありません。

　皆さんのパワポライフが、ステキなものになりますように!

豊間根青地　@toyomane

おわりにのあとに

　最後に、本論のなかで紹介しきれなかった昔話パワポの一つで「シンデレラ」を題材にしたスライドを以下に掲載します。ここまで読んでいただいたことを思い出しながら、見ていただけるとうれしいです。

もしシンデレラがガラスの靴をフックにした
コミュニケーション戦略を魔女にプレゼンしたら

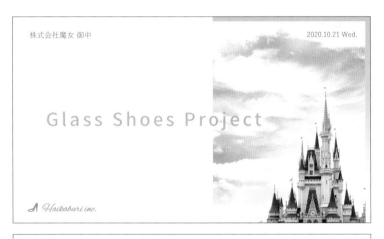

---

1 現状分析

2 プロジェクト参画のご提案

現状分析

3Cの観点から現状分析を行い、論点を整理する

現状分析

3Cの観点から現状分析を行い、論点を整理する

現状分析 -Cinderella-

継母達にいびられる<u>劣悪な家庭環境</u>におかれている

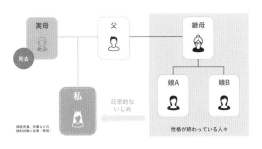

現状分析 -Cinderella-

他の追随を許さない圧倒的な美貌を
備えており、<u>ポテンシャルは極めて高い</u>

現状分析

3Cの観点から現状分析を行い、論点を整理する

現状分析 -Customer-

王子への結婚圧力がピークに差し掛かる今年は
千載一遇の大チャンス

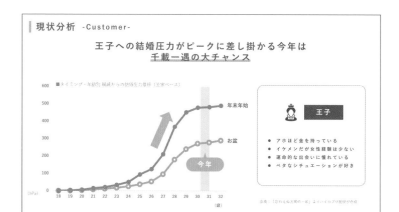

現状分析

3Cの観点から現状分析を行い、論点を整理する

現状分析 -Competitor-

参加者は趣向を凝らしたファッションで
しのぎを削り、例年激戦区の様相を呈している

現状分析 -Competitor-

舞踏会への参加人数は年々増加
王子と接触できる時間はごく限られている

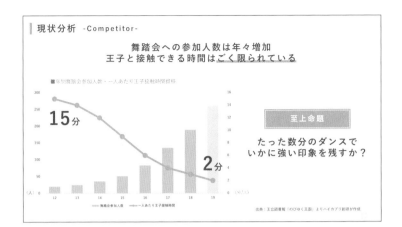

■年別舞踏会参加人数・一人あたり王子接触時間推移

15分

2分

（人）

出典：王立図書館『のびゆく王国』よりハイカプリ総研が作成

至上命題

たった数分のダンスで
いかに強い印象を残すか？

貴社プロダクトに対する弊社認識

魔女様の物質変換技術はまさに"現代の魔法"
ただし、変換の効果には時間制限あり

かぼちゃ　　みすぼらしいボロ服

物質変換

馬車　　イイ感じのドレス

唯一の弱点

夜の**12時**になると
元の物質に戻る

現状 まとめ

❶ 私
Cinderella

❷ 顧客
Customer

❸ 競合
Competitor

不遇だが美しく
チャンスあり

これ以上ない
最高のタイミング

多様な競合が
ひしめく激戦区

貴社プロダクト

優れた技術だが時間制限あり

おわりにのあとに

アジェンダ

1　現状分析

2　プロジェクト参画のご提案

Glass Shoes Project

ときめきは、とっておき。

コミュニケーション戦略

舞踏会の場ではあえて「物足りなさ」を感じさせ
王子に自らアクションを起こさせる

きっちり
最後まで踊る

まあいいか…

その場限りで
続かない

あえて途中で
打ち切る

あの人が
気になる…

何とか
見つけたい！

自ら動くから
長続きする

戦術：Glass Shoes Project

**アクションのフックとなる強いギミックとして
「ガラスの靴」を採用**

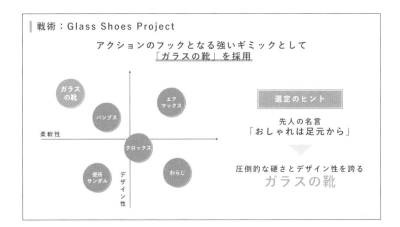

選定のヒント

先人の名言
「おしゃれは足元から」

圧倒的な硬さとデザイン性を誇る
ガラスの靴

戦術：Glass Shoes Project

**貴社プロダクトの欠点と、ガラスの靴の低い利便性を
逆手に取り、運命的な出会いを演出する**

事前	王子予定押さえ	デュエット申し込みページより23時55分の回を予約 アクセスが集中するため万一に備えてスマホ10台で同時に申込む
17：00	物質変換	ごみ・古道具・野生動物から備品をあらかじめ変換 24時を過ぎると元に戻るため必ず当日に変換する
18：00	現場入り	舞踏会の会場にチェックイン 魔法の位置を通過も・24時の鐘が間違いなく鳴るかチェック
19：00	リハ	靴のドロップ位置と帰宅ルートを確認 破損を防ぐためここではクロックスを使用する
23：55	ダンス開始	ダンス開始。青頭5分間のみ通常通り踊る ※踊りにくいため、ローテンポな曲を流すようバンドに根回し
24：00	靴ドロップ	
25：00	レビュー	担当者が集合し流れについてフィードバック 次回以降の舞踏会に知見を活かす
後日	王家による捜索	王子の命により、ガラスの靴の捜索が始まる 念のため毎日是は入浴に気をつけておく

戦術：Glass Shoes Project

**王子の資産から5％を成果報酬としてお支払い
魔女様へは最大120億円のお支払いが見込まれる**

ATM　　　私　　　魔女様

資産の徴収　　手数料お支払い

Win-Winの玉の輿を実現

おわりにのあとに

ご提案内容まとめ

現状	**3C**	✓ 不遇だが圧倒的な美貌 ✓ 結婚圧力が高まった今は絶好のチャンス ✓ わずかな時間で興味を惹く必要性あり
	貴社	✓ 物質を変換できる優れた技術 ✓ 時間制限のデメリットあり
ご提案		✓ 時間制限を逆手にとった"小出し"のコミュニケーション ✓ 利便性×デザイン性◎で他を圧倒する"ガラスの靴" ✓ 綿密に計画されたスケジュール ✓ 最大120億円のお支払い見込み

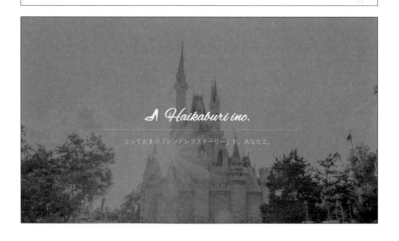

📄 楽しくサボれるテンプレート

　皆さんの楽しく効率的なパワポライフを応援するテンプレートをご用意しました。下記のURLからアクセスし、ダウンロードしてお使いください。

　※利用の際には、冒頭に記載の利用規約を遵守いただくようお願いいたします

https://kdq.jp/toyomane

【ダウンロードしてご利用いただけるもの】

・使い方＆素材集

・トヨマネ推奨のクイックアクセスツールバー設定（ファイル名：トヨマネの設定）

・課題スライド_浦島太郎　（186ページのケーススタディで使用）

・テンプレート_桃太郎

・テンプレート_赤ずきん

・テンプレート_浦島太郎

・テンプレート_シンデレラ

【テンプレートのスライド例】

豊間根 青地（とよまね　せいち）
トヨマネ｜パワポ芸人　@toyomane
1994年東京都生まれ。東京大学工学部卒。サントリーで通販事業の
CRM・広告などを担当する傍ら、趣味のPowerPointで作成したスラ
イドがTwitterで大きな反響を呼び、1年間で5万人以上のフォロワ
ーを集める。「くだらないけど、ためになる」をモットーに、スライ
ド作成に役立つノウハウや、あまり役立たないネタ画像等を各種SNS
で日々発信している。2022年に独立し、「資料をもっとおもしろく。」
をテーマに掲げる資料に特化したクリエイティブカンパニー「シリョサ
ク株式会社（旧：株式会社Cataca）」を創業。

秒で伝わるパワポ術
仕事でもＳＮＳでも〈いいね〉がもらえるスライド作成のコツ

2021年9月29日　初版発行
2024年3月10日　　8版発行

著者／豊間根　青地

発行者／山下直久

発行／株式会社KADOKAWA
〒102-8177　東京都千代田区富士見2-13-3
電話　0570-002-301（ナビダイヤル）

印刷・製本／図書印刷株式会社

●お問い合わせ
https://www.kadokawa.co.jp/（「お問い合わせ」へお進みください）
※内容によっては、お答えできない場合があります。
※サポートは日本国内のみとさせていただきます。
※Japanese text only

定価はカバーに表示してあります。

©Seichi Toyomane 2021　Printed in Japan
ISBN 978-4-04-111616-6　C0034